천년의 지혜
독서멘토링

천년의 지혜
독서멘토링

ⓒ 박종순, 2024

초판 1쇄 발행 2024년 9월 11일

지은이   박종순
펴낸이   이기봉
편집   좋은땅 편집팀
펴낸곳   도서출판 좋은땅
주소   서울특별시 마포구 양화로12길 26 지월드빌딩 (서교동 395-7)
전화   02)374-8616~7
팩스   02)374-8614
이메일   gworldbook@naver.com
홈페이지   www.g-world.co.kr

ISBN   979-11-388-3508-4 (03230)

3천 권 독서가 가져온 축복

천년의 지혜
독서멘토링

박종순 지음

"독서를 잘하는 방법도 배움이 필요하다"

좋은땅

서문

코로나 시대를 거치면서 사회 전반에 걸쳐 많은 일상에 변화가 찾아왔다. 신앙생활에도 급격한 변화가 일어났다. 생소한 비대면 예배는 근본적인 예배에 대한 신학적 논쟁을 불러왔다. 코로나가 끝나면 다시 예전으로 돌아가기를 기대했지만 세상은 더 이상 예전 시대로 돌아갈 수 없는 시대가 되었다. 목회 현장에서도 새로운 목회 패러다임의 변화로 새로운 국면을 맞이하고 있다. 이미 주변의 크고 작은 교회들에서 위기를 넘어 절체절명의 시간이 다가오고 있음을 직감하고 있다. 교회도 재정적 위기, 세대 간의 불통, 절대 진리에 대한 도전, 목회자들과 성도들 간의 반목과 불화, 율법주의적인 신앙, 콘텐츠의 부재로 인해 교회를 떠나고 있다. 대부분의 목회자들과 학자들은 교회의 진짜 위기는 아직 오지도 않았다고 말한다. 교회의 진짜 큰 위기는 코로나가 끝나는 이 시점에서 교회가 무엇을 해야 할지 방향을 찾지 못하는 데 있다고 할 수 있다.

위기의 코로나 시대에도 위기가 기회가 되어 비약적인 발전을 이룬

천년의 지혜 독서멘토링

기업들이 있다. 위기를 기회로 만들었다기보다 이미 위기를 극복할 만한 자신들의 노하우가 있었기에 가능했다. 코로나 위기에도 아마존, 구글, 넷플렉스, 우버, 메타, 에어비엔비 같은 기업들은 천문학적인 발전을 이루었다. 이런 기업들의 비약적인 성장을 한마디로 정의하기 어렵다. 그러나 이 기업들은 공통점을 가지고 있다. 이들 기업의 공통점을 두 단어로 요약하면 글쓰기(글 읽기)와 공유다.

아마존은 중고 책을 온라인으로 제공하는 기업으로 시작했다. 그 이후 공유 플랫폼을 제공하여 미국 전역에 물건을 배송하는 기업으로 성장했다. 하지만 우리가 주목해야 할 아마존의 숨은 비결은 아마존 퍼블리셔에 있다. 제프 베이조스는 임원진들에게 모든 보고서를 8페이지 보고서로 작성하여 보고하게 하는 것으로 악명이 높다. 대부분의 임원진들은 한 주의 성과를 8페이지 보고서로 만들어 올려야 한다. 매주 계속되는 글쓰기를 통해 정보를 취합하고 회사의 정책을 수립한다. 보고서를 제대로 작성하지 못하면 결국 회사를 떠나야 한다. 아마존에서 글쓰기는 생존 그 자체이며 글 읽기는 치열한 경쟁에서 살아남아야 하는 생존 전략과 같다. 이런 아마존은 아마존 퍼블리셔를 운영하여 전 세계 언어로 책을 출판하는 공유 플랫폼을 제공한다. 이곳에서 출판되는 모든 책들은 문자화되어 아마존에 제공된다. 아마존은 이 정보를 빅데이터화하여 전 세계의 모든 동향을 분석, 정리하여 사업 계획을 세운다. 망하려야 망할 수 없는 구조다.

구글 역시 검색어로 정보를 검색하는 검색 엔진 서비스로 사업을 시작했다. 모든 글이 구글로 모여들었다. 모든 정보가 구글에 모여든다. 그 정보는 곧 힘이다. 글이 권력이며 힘이 된다. 구글은 이미 유튜브를 사들여 모든 콘텐츠를 독점하였다. 전 세계 인터넷이 연결되어있는 곳이면 모든 콘텐츠를 확보할 수 있는 플랫폼을 구축하였다. 이렇게 모이는 글과 콘텐츠를 통해 전 세계를 지배하고 있다. 페이스북이란 이름으로 시작한 메타 역시 누구나 자유롭게 글을 쓰고 글을 공유할 수 있는 플랫폼을 만들었다. 틱톡, 인스타, 같은 SNS들은 글과 사진을 공유하도록 하여 전 세계 모든 이들이 자유롭게 글을 공유하도록 하였다. 여기에 모이는 글이 곧 힘이다. 여기에 모이는 정보가 빅데이터가 되어 미래를 예측하고 사람들의 요구를 예측하는 데 결정적인 역할을 한다.

글의 능력과 힘을 알기에 일론 머스크는 천문학적인 값을 지불하면서 트위터를 인수하였다. 이미 아마존과 구글과 메타 같은 기업들로 모여드는 세상의 글이 주는 위력과 힘을 보았기 때문이다. 글을 소유할 수 있는 것은 큰 축복이다. 대한민국도 한글이라는 너무나도 큰 축복을 가진 민족이다. 하지만 글을 읽고, 글을 쓰지 않는다. 글을 읽어도 입시에 필요한 글을 읽는다. 대학에 들어가기 위한 글을 쓴다. 아마존 퍼블리셔에서 한글로 출판할 수 있는 길이 막혔다. 한글 출판이 퇴출되었다. 이유는 간단하다. 책을 읽지도 쓰지도 않기 때문이다.

일제강점기 이후 독립된 대한민국에서 한글 교육이 시작되었다. 한글의 역사는 500년의 장구한 역사를 가졌지만 전 국민에게 읽히고 쓰인 것은 100년밖에 되지 않았다. 읽기와 글쓰기가 100년밖에 되지 않았는데도 대한민국이 이렇게 발전했다는 것은 놀라운 일이다. 앞으로 전 국민이 글을 더 많이 읽고 전 국민이 글을 쓰는 시대가 오면 어려운 시대에도 대한민국은 더욱 발전하는 나라가 될 것이다.

5천 년 전 하나님께서 자신의 말씀과 언약을 글로 주신 것은 축복 중에 축복이었다. 글을 읽고 글을 쓰고 글을 남기고 글을 공유할 수 있었던 하나님의 사람들이 새로운 시대를 선도하고 이끈 것은 너무나도 당연한 일이다.

유대인들에 대한 두 가지 시선은 경악과 경탄이다. 유대인들에게 역사적으로 반복된 박해와 대학살의 희생에 경악하는 한편 그들이 보여 준 성과에 경탄을 보낸다. 비록 소수의 인원이지만 전 세계에 모든 분야에서 우수한 결과물을 만들어 낸 비결은 성경이다. 글이 있었다. 5천 년 전부터 유대인들은 글을 읽고 글을 쓸 수 있었다는 말이다.

로마가 전 세계를 지배할 수 있었던 것 역시 라틴어라는 언어가 있었기에 가능했다. 독서는 목회자뿐만 아니라 신앙인 모두에게 생명을 전해 주는 통로다. 독서는 신앙인들뿐 아니라 이 시대에 모든 사람들에게 필요한 필수 교양이다.

독서는 코로나 시대를 극복하고 새로운 영적 발돋움을 이끌어 내는 마지막 기회라고 믿어 의심하지 않는다. 독서를 잘하는 방법도 배움이 필요하다. 미천한 경험이었지만 독서를 통해 얻은 지혜를 함께 나누는 기회가 되길 바란다.

목차

제1부

새로운 미래 혁명,
읽기의 힘

2998! 2999! 3000! 3천 안타.

2022년 4월 26일 미국 메이저리그에서 새로운 3천 안타의 주인공이 나타났다. 미국 메이저리그 디트로이트 타이거스 소속 미켈 카브레라가 그 주인공이다. 카브레라는 26일 콜로라도 로키스와의 경기에서 1회초 우전 안타를 날려 개인 통산 3천 안타를 달성했다. 메이저리그는 1897년 켑 앤슨이 처음으로 3천 안타를 달성한 이후 현재까지 30명의 타자만이 3천 안타 기록을 가지고 있다. 그 30명 중 일본인 출신 스즈키 이치로도 포함되어 있다. 메이저리그에서도 4천 안타를 친 선수는 단 두 명으로 최초의 4천 안타 고지에 오른 타이콥 선수(4,191개)와 최다 안타 타이틀을 가지고 있는 피트로드(4,256개) 단 두 명뿐이다. 메이저리그에서도 아직 5천 안타를 친 선수는 없다. 사실 5천 개 이상의 안타는 거의 불가능하다는 것이 정설이다.

한국보다 프로야구 시작이 앞서 있는 일본도 1980년 한국인 출신 장훈 선수가 최초로 3천 안타를 달성했다. 이치로 선수가 미국 메이저리그에서 3천 안타 고지에 올라섰지만 일본 리그에서는 장훈 선수가 기록한 3천 안타가 유일하다. 일본 리그에는 3천 안타를 칠 가능성이 있는 선수들이 많이 있지만 재능 있는 선수들은 메이저리그에 도전하기에 당분간 일본 리그에서도 3천 안타를 달성하는 선수가 등장하기 어려워 보인다. 한국인에 대한 차별이 극심했던 일본에서 한국인이 최초로 3천 안타를 달성했다는 것은 놀라운 일이다. 장훈 선수의 대기록이 유난히 돋보이는 이유다.

1980년대 시작한 한국 프로야구에서는 단일 기록으로 아직 3천 안타를 달성한 선수가 없다. 한국 프로야구에서는 현재 NC 다이노스 소속 손아섭 선수가 2024년 6월 20일 잠실 두산전에서 2,505안타를 생산하며 박용택 선수가 기록한 최다 안타를 넘어서 최다 안타의 주인공이 됐다.

한국 프로 야구에서 단일 리그 3천 안타가 언제 나올지 누구도 알 수 없는 상황이다. 키움 히어로즈 소속의 이정후 선수가 KBO 리그에서 가장 가능성이 있는 선수로 알려졌지만 이정후 선수가 2024년 메이저리그 샌프란시스코 자이언츠로 이적하면서 한국 프로야구에서 3천 안타를 기대하기 어려워졌다.

3천 안타는 매해 200안타씩 15년을 해야 가능한 수치다. 매년 150안타를 기록해도 20년을 꾸준히 해야 달성할 수 있는 숫자다. 신인선수로 입단하여 즉시 전력에 투입되어 그해부터 은퇴하는 40대 초반까지 한 해도 거르지 않고 최다 안타를 쳐 내야만 가능한 기록이다. 프로야구 선수에겐 꿈의 기록이다. 부상도 없어야 하며 매년 꾸준한 기량을 유지해야 한다. 3천 안타는 그야말로 꿈의 숫자다. 야구의 경지에 오른 선수만이 달성할 수 있는 대기록이 3천 안타다.

새로운 3천 안타의 대기록이 달성되던 날 나도 계획한 3천 권의 독서를 달성했다. 솔직히 말하면 3천 안타가 나오는 날에 맞추어 나도 3천 권을 맞추어 읽었다.

독서를 시작하면서 3천 권을 읽어야 하지 않을까! 막연히 그렇게 생각했다. 왠지 독서를 하면 3천 권쯤은 읽어야 독서를 했다고 말할 수 있을 것 같았다. 나의 첫 번째 책 『열혈독서』(나침반)는 독서를 시작하면서 일어났던 삶의 변화를 나름대로 기록하며 써 내려갔다면 이 책은 그 후 3천 권의 독서를 끝내며 독서의 한 꼭지를 끝냈다는 일종의 고백이다. 그 고백과 함께 3천 독서가 남겨 놓은 보물과도 같은 결과물들을 함께 나누고 싶은 간절함을 담았다.

3천 권의 책을 지난 7년 동안 읽었다. 엄청난 일이 일어날 것을 은근 기대했다. 결론부터 말하면 기대 이상이다. 한편으론 시원 섭섭하다. 하루에 적어도 한 권의 책을 읽어 내야만 가능했다. 7년 동안 하루도 빼놓지 않고 책을 읽었다는 것은 자랑할 만하다. 독서를 시작하며 머릿속에는 3천 권이라는 숫자가 늘 생각을 지배했다. 코끼리를 생각하지 말라고 하면 온갖 코끼리가 머릿속에서 뛰어놀 듯이 3천이란 숫자를 생각하지 않으려 할 때마다 3천이란 숫자가 머릿속을 지배했다. 이왕 시작했으니 생각이 지배하는 대로 3천 권의 책을 읽자고 작정했다. 그러나 생각만큼 3천 권의 책을 읽는 것은 쉽지 않았다. 적어도 7년 동안 매일 하루에 한 권 이상의 책을 읽어 낸 결과가 3천 권의 독서다. 2천여 권을 읽었을 때 『열혈독서』라는 책을 출간했다. 그후 부지런히 책을 읽어 3천 권을 읽어 냈다. 누구나 할 수 있지만 모두가 할 수 없기에 모두가 할 수 있기를 소망하며 책을 썼다. 대단한 능력이나 은사가 있어야만 할 수 있는 것은 아니다. 하지만 성실함이 담보되지 않으면 오를 수 없는 고지다. 자신과의 싸움에서 이겨야만 가능하다. 포기하고 싶어지는 순간이 너무 많았다. 다행인 것은 책은 엉덩이로 읽어야 한다는 뼛속 깊은 조언이 있었기에 묵직한 엉덩이의 힘을 빌려 3천 독서를 완성했다.

3천 권의 책은 글과 말로 표현하기 어려운 수많은 이야기 거리를 선물로 주었다. 이 책은 3천 독서가 준 선물에 대한 조그마한 답례다.

왜 3천 독서인가?

1. 독서는 시민(신앙)의 교양을 회복시켜 준다

　선비는 조선시대 학식과 교양이 있고 행동과 예절이 바르며 의리와
원칙을 지키고 관직에 오르지만 자신의 관직을 가지고 사사로이 이
를 취하지 않으며 재물을 탐하지 않고 모든 사람들의 평판에도 의로
운 사람들을 일컫는 말이다.

　선비가 조선시대 계급인 양반과는 다른 의미로 사용되기 시작한 것
은 명확하게 알려지지 않았지만 훈구 세력과 대립하며 새로운 지배
계급으로 떠오르기 시작한 사림의 출현과 무관하지 않다는 것이 정
설이다. 조선은 건국 당시 성리학을 근간으로 하는 선비의 나라를 표
방했다. 하지만 1차, 2차 왕자의 난을 통해 정권을 창출한 태종은 그
와 함께했던 조선 개국 공신들에게 막강한 권한을 부여한다. 결국 조
선은 건국이념을 잃어버리고 개국 공신들에 의한 나라가 된다. 세종
조에 이르러 나라의 기틀이 다져지고 정권이 안정되어 법치 국가의

틀을 만들어 갔지만 세조가 계유정란으로 정권을 탈취하면서 조선은 다시 권문세도가들이 나라를 다스리는 혼란이 계속되었다.

권력의 집중화가 이루어지고 고려시대 폐단이었던 토지제도는 오히려 권문세도가들에 의해 더욱더 악화되는 상황이 되었다. 이때 이들의 부패와 새로운 나라의 질서를 세우려는 젊은 개혁의 세력들이 등장한다. 중앙 정계에 등장하거나 조선의 개국에 앞장섰던 인물들은 아니지만 이들은 성리학을 공부하고 학식과 삶에서 개혁적인 의지가 강했던 세력이었다.

이런 신진 세력들 가운데 고위 관직에 이르지 못하거나 뜻을 제대로 펼치지 못해 다시 낙향하거나 귀향지에서 후학들을 양성하던 사람들을 통칭하는 단어가 되었다.

결국 조선시대 선비라는 계급의 등장은 고려 말 조선의 개국에 동참하기를 꺼렸지만 성리학을 기초로 학문과 교양을 겸비했던 지식인 계층과 조선 개국 초기 권문세도가에 끼지 못했지만 중앙 정계에 진출하여 시민의 교양과 예로 나라를 다스리길 원했던 신진 사대부들, 즉 비록 정계에 진출하지 못했지만 학문과 교양을 겸비했던 지식인들을 통칭하는 단어로 발전하게 되었다.

조선시대 선비는 학문과 교양을 갖춘 지식인 계급이었음을 알 수 있다. 선비들은 높은 관직에 오르지는 않았지만 자신들이 가지고 있는 학문적인 열정과 연구를 통해 높은 학문적 소양과 교양을 가지고 있었다. 선비들이 학문적인 소양과 교양을 쌓는 이유도 관직에 나가기 위한 것이었지만 사회 구조상 모든 선비들이 정계에 진출할 수 있는 것은 아니었다. 조선 후기 당쟁과 정쟁으로 인해 중앙 정부 진출이 원초적으로 막혀 버린 선비 계급들은 자신들의 고향으로 돌아가 후배들을 양성하거나 때를 기다리던 사람들이 많았다.

이들은 글을 읽고, 글을 쓰고, 글을 가르칠 수 있는 능력이 있는 사람들이었다. 특별히 조선시대 조정에서는 나라의 중요한 일들을 국민들에게 전달하는 수단과 방법으로 공고문 혹은 포고문을 작성했다. 이러한 것을 간단히 줄여 방이라고 하였다. 『세종실록』을 보면 1429년 2월 사헌부에서 임금에게 아뢰기를 그해에 금령을 어긴 자들의 잘못을 고하는 금령조목을 적어 광화문 밖과 도성의 각 군과 종루 등의 장소에 걸어 백성들에게 알게 하는 것이 좋겠다는 기록이 있다.

이런 기록을 보면 나라의 중요한 사항들이나 필요를 방이라는 제도를 통해 알렸다는 것을 알 수 있다. 이때 각 군과 지역마다 글을 읽고 뜻을 아는 이들은 한정되어 있었고 각 지역마다 글을 읽고 해석할 수 있는 계층들(선비)이 지역의 지도자 역할을 하게 되었다. 이런 이들이 선비라고 불리는 계층이었다. 나라의 훈령을 지역의 주민들에게 전달하는 과정에서 시민 교양의 필수인 정보를 공유하거나 사용할 수 있는 계급이었다.

결국 선비 계급은 단순히 학문을 하는 사람들이 아니라 중요한 정보를 전달하고 그 지역 사람들에게 영향력을 줄 수 있는 계층의 구성

천년의 지혜 독서멘토링

집단이었음을 알 수 있다. 이런 과정에서 선비는 그 지역의 사람들에게 존경과 영향력을 행사할 수 있는 계급이었고 가장 낮은 계층과 직접 소통할 수 있는 지도력을 갖고 있는 계급이었음을 알 수 있다.

한국에 복음이 전파되면서 복음이 선비 계급을 통해서 먼저 증거되고 성경의 보급 역시 글을 읽고 해석 가능한 계층에서부터 시작되었다는 것을 주목해 볼 필요가 있다. 복음이 기록된 글을 통해 전파되면서 조선시대 복음의 첫 수혜자들은 글을 읽고 글의 의미를 이해하는 계층들에 의해 기독교는 받아들여졌다. 한국 기독교의 교양은 자연스럽게 선비들이 가지고 있었던 사회적인 지위와 교양의 수준과 함께 받아들여지게 되는 결과를 가져왔다.

저술 연대가 정확하게 알려지지 않았지만 대략 1590년대 초반으로 알려진 『천주실의』는 조선에 최초로 전해진 천주교의 교리 해설서로 알려져 있다. 한국 기독교가 『천주실의』를 복음으로 인정하기에는 무리가 따르지만 마테오 리치에 의해 전해진 『천주실의』는 『정조실록』에서도 언급되어 있는 것을 볼 수 있다. 비록 영의정 채제공이 정조에게 유학의 기치를 높이고 서학을 반대하기 위해 이 책을 언급했지만 윤치충, 권상연, 이기경 등이 이 책을 읽었고 유포했다는 혐의가 『정조실록』에도 등장한다.

학문적 소양과 교양으로 조선시대 학문, 정치, 경제, 문화, 저술에서 선도적인 위치에 있었던 선비 계급을 통한 한국 기독교 전래는 기독교 신앙의 높은 지식과 교양의 수준을 가늠해 볼 수 있는 중요한 요소다.

이런 역사적인 배경과 함께 한국 개신교의 선교역사에서도 시민의 교양의식과 높은 학문적 수준을 살펴볼 수 있다.

한국 초창기 개신교 선교사들이 한국 개신교 선교에서 빼놓을 수 없는 사역의 부분은 의료와 교육 분야다. 초창기 한국 개신교 선교사 역에서 선교사들이 한국 교회에 공헌했던 가장 중요한 지점은 교육이라고 말할 수 있다. 일제강점기를 거치면서 선교사들은 일본 식민 제국주의 교육의 문제점을 지적했다. 기독교 신앙과 함께 학문적, 지적 수준과 교양을 위한 학교 교육은 선교 초기 대단히 중요한 선교 정책이었다. 이런 개신교 초기 선교사들의 노력으로 인해 1883년 최초로 세워진 원산학사를 시작으로, 배재학당, 연세대, 경신학교, 이화학당, 정신여학교, 숭실학원, 배화, 숭의, 정명, 덕명, 호수돈, 진성, 의창, 영명, 계성, 신성, 보성, 수피아, 의명, 한영 등등 그 수를 헤아리기 어려울 만큼 많은 학교들이 세워지기 시작했다.

이런 초창기 개신교 선교사들에 의해 세워진 학교는 대한민국이 봉건국가에서 일본 제국주의를 이기고 독립적인 교양 국가를 이루고 완성하는 토대를 쌓는 결정적인 역할을 했다. 이들 학교를 통해 소수 엘리트 집단(조선시대 계급제도에 의한)에게만 부여된 시민의 교양을 사회 전반 곳곳에 실현하고 실천할 수 있는 토대를 만들었다. 한국 초창기 개신교 교회의 교양이 한국 근대 국가의 기초와 토대를 만들었다는 것은 논리적인 비약이 아니다. 대한민국이 근대화되어 일본

천년의 지혜 독서멘토링

의 식민지에서 독립하여 자주 국가의 형태로 발전하는 데 기독교의 교양은 시대적인 정신이 되었을 뿐만 아니라 민족의 독립에도 중요한 사상적 토대를 마련해 주었다.

이런 모습은 독립운동을 주도했던 민족 대표 33인의 구성원들을 살펴보아도 알 수 있는 대목이다.

민족대표 33인 중 기독교 지도자 16명, 천도교 15명, 불교 지도자 2명으로 구성되어 있다. 그 당시 한국 기독교 인구수가 전체 인구의 10%가 되지 않는 상황에서 민족 대표구성의 50%를 차지한다는 것은 실로 놀라운 일이다. 그만큼 기독교 신앙은 우리의 신앙의 영역뿐만 아니라 시민의 교양과 나라의 토대를 이루는 사상적 교양에서도 지대한 영향력을 이미 세상에 미치고 있었음을 알 수 있다.

이러한 기독교 교양이 가능했던 이유는 신앙과 함께 교육(글을 쓰고, 읽고, 책을 출간하는)을 통해 신앙이 균형을 이루었기에 가능한 일이었다. 기독교 신앙에서 믿음의 영역과 함께 교육은 기독교 교양의 중요한 역할을 감당해 준다.

2. 종교개혁과 신앙의 교양

1517년 마틴 루터의 종교개혁으로 카톨릭의 국교화에 반대하는 개신교 운동이 전 유럽에 교회 개혁과 갱신을 이루어 냈다. 우리는 종교개혁 하면 당연히 마틴 루터, 칼빈, 츠빙글리를 연상하게 된다. 그러나 이들이 종교개혁을 이루기까지 이들에게 영향을 주었던 선구자적 종교개혁자들이 이미 존재했다는 것을 기억해야 한다.

마이스터 에크하르트, 하인리히 수소, 요한 타울러, 왈도와 사보나롤라, 존 위클리프와 존 후스와 같은 종교개혁의 선구자들이 이미 유럽 전역에서 로마 카톨릭의 신학적, 신앙적인 문제점과 함께 시민의 교양에 대한 문제점들을 지적하며 종교개혁을 이끌었다.

프랑스의 리옹에서 시작되었다고 하는 왈도(혹은 발도)는 마태복음 19장의 부자 청년의 메시지를 통해 자신의 재산을 전부 나누고 복음 전도자의 길로 들어섰다. 성경을 번역하고 주의 말씀에 따라 복음 전도자의 삶을 강력하게 살아갔다. 고난 당하는 자, 압제 당하는 자, 신음하는 자들에게 복음을 전하고 예수님 이외에는 구원의 어떤 조건도 없다고 설교하였다. 이런 왈도파의 주장 때문에 리옹의 대주교에게 이단으로 규정되어 모진 핍박을 받고 설교권을 영구적으로 박탈 당했다.

프랑스에서 더 이상 설교할 수 없게 된 왈도파 형제들은 복음을 전하기 위해 프랑스에서 남부 독일로, 이탈리아와 스페인까지 복음을 전한 것으로 알려졌다. 왈도파의 복음 전도로 인해 지금의 체코 지방까지 복음이 증거되어 영향을 주었다. 유럽 일대에 엄청난 영향을 준 것이다. 하지만 왈도파의 종교개혁과 노력이 후대까지 강력하게 영향을 주지 못하고 중단되었다. 왜 이렇게 강력한 영향력을 준 개혁 운동이 지속되지 못했을까?

그 답은 언어와 기록된 문서다.

많은 이유들이 있겠지만 그중 하나는 그들의 기록을 발견하기 어렵다는 것이다. 왈도파가 강력한 신앙을 이끌지만 이들은 결국 신비주의와 이단으로 변질되어 종교개혁을 이끌지 못한다. 왈도파는 유럽으로 복음을 전하면서 설교와 성경 읽기는 절대적으로 프랑스어로 복음을 전해야 한다는 원칙을 고수하였다. 이탈리아와 독일, 동유럽까지 왈도파의 영향력이 증가되면서 자신들의 지경을 넓혀 갔지만 결국 왈도파가 전해진 지역의 교회 구성원들은 불어를 이해하지 못하는 아이러니한 상황을 맞이하게 된다. 언어의 단절은 결국 기초적인 신앙의 본질을 이해하지 못하고 신앙이 왜곡되는 상황을 맞이하게 된다. 기초적인 신앙의 교양이 신비주의와 율법주의로 변질되는 치명적인 상황을 스스로 맞이하고 말았다.

프랑스어로 설교를 고집했던 왈도파의 주장으로 그들의 신학적인 사상과 가르침이 문서로 남아 있을 수 없는 상황이 되었다. 각 지역으로 흩어진 왈도파 형제들이 각 지역의 언어로 글을 남길 수 없었다. 다만 그들이 가지고 있었던 불어 번역 성경으로 인해 초창기 불어권 지역의 종교개혁은 폭발적인 파급력과 영향력을 미칠 수 있었다. 프랑스에서 칼빈의 종교개혁이 폭발적인 성공을 거둔 역사적인 배경은 왈도파들에 의해 번역된 프랑스 성경에서 기인한다. 이 또한 역사의 아이러니가 아닐 수 없다.

왈도파가 불어 설교와 가르침을 고수하면서 가져온 언어의 단절은 단순한 커뮤니케이션의 문제를 넘어 왈도파의 가르침이 신비주의와 기본적인 교양을 넘어선 극단주의적 신앙의 모습으로 변질되었다는 것이다. 기초적인 신앙과 삶의 교양마저 무너져 내리는 결정적인 역할을 했다. 불어를 고집함으로 신앙의 가르침뿐만 아니라 삶의 교양마저 변질을 불러오는 실수를 범하고 만다. 결국 기독교 신앙과 삶의 교양의 두 축이 무너져 내린 왈도파가 유럽교회에서 외면받고 이단으로 정죄되는 역사적인 사건을 스스로 만들고 말았다.

그에 반해 마틴 루터와 칼빈, 츠빙글리의 종교개혁은 초기 유럽 종교개혁의 시작보다 후대에 이루어지지만 이들의 종교개혁의 성공은 그들의 저작 활동과 밀접한 관련이 있다. 한국 초기 복음 증거에 선비 계급의 교양과 학문적 소양이 있었다면 유럽 종교개혁과 개신교의 교양에는 마틴 루터, 칼빈, 츠빙글리로 이어지는 Scholar(학자)의 교양이 있었다. 이들 개혁자들의 공통점은 학자적 교양을 갖춘 저자들(책)이라는 점이다.

마틴 루터와 츠빙글리는 자신들의 가르침과 설교를 글로 남겨 종교개혁의 학자적인 교양들이 개신교 전체에 동일한 가르침으로 통일성을 유지하도록 힘썼다. 츠빙글리 저작 선집을 통해 그가 남긴 저작들을 살펴보면 개신교 초기 신학적인 교양의 수준이 얼마나 놀라운 것

천년의 지혜 독서멘토링

인가를 알 수 있다. 이런 그의 가르침을 통해 초기 개신교들은 주교들과 교황의 가르침에 대해 성경적인 논리로 무장할 수 있을 만큼 기초적인 교양을 가지고 있었다.

칼빈의 『기독교 강요』는 500년이 지난 지금도 개신교 저작에서 가장 중요한 위치에 있는 책이다. 개신교의 신학적인 기초를 제공할 뿐만 아니라 기초적 신앙의 삶에 교양을 제공하는 『기독교 강요』는 초기 개신교도들의 신앙적 교양의 수준을 잘 보여 주는 책이기도 하다.

물론 이런 종교개혁가들이 훌륭한 저작물을 남겨 놓을 수 있었던 데에 쿠텐베르크가 발명한 인쇄기를 빼놓을 수 없다. 1440년경 발명된 쿠텐베르크의 인쇄기를 통해 1517년 마틴 루터의 종교개혁과 함께 그의 모든 저작물들이 활발하게 인쇄되고 전 유럽으로 그의 작품과 글들이 신앙과 교양에 엄청난 영향을 끼치게 되었다.

쿠텐베르크의 인쇄기 발명은 단지 종교개혁만을 앞당긴 것만은 아니다. 인쇄술의 발명으로 인해 수많은 글들이 인쇄되기 시작했고 성경뿐만 아니라 책을 소장하는 것이 보편적인 삶으로 변화되는 데 결정적인 역할을 하게 된다. 결국 문예부흥이라고 하는 유럽의 르네상스도 인쇄기의 발명이 아니고서는 이루어질 수 없는 것이었다.

너무 큰 비약이라고 할 수 있지만 인쇄물의 발달로 인해 유럽인들은 귀족과 왕족, 종교 지도자 계층들이 누리던 기초적인 지식과 삶의 교양을 공유하게 되었고, 이것은 결국 르네상스로 이어져 유럽 전역에 봉건주의 사회가 무너지고 새로운 정치 질서와 경제 질서가 시작되는 초석이 되었다. 왕족과 귀족들의 전유물로만 여겨지던 교양이 시민들에게도 보편적인 교양으로 발전하는 데 대단히 중요한 역할을 하게 되었다.

3. 영국 시민(신앙)의 교양

유럽 대륙의 기독교 신앙의 변화와 시민의 교양의 변화와는 다르게 영국의 기독교 신앙의 교양과 신앙의 개혁은 유럽 대륙과는 조금 다른 양상을 보인다. 영국은 유럽 대륙이 로마 카톨릭의 영향 아래 있었던 것과는 다른 국가교회주의(영국 국교회)의 형태로 발전하여 지금의 영국 성공회의 교회 질서 속에서 신앙의 교양이 독점되는 양상을 보였다. 이런 영국 국교회에 반기를 들고 일어난 신앙의 교양 운동이 청교도 운동이다. 청교도들은 영국 국교회의 신앙에 반기를 들고 자유로운 성경 해석, 설교권, 복음의 강조, 믿음, 삶으로 연결된 신앙을 강조했다. 이들은 자유롭게 설교했고 자유롭게 성경을 가르쳤다.

영국 국교회가 청교도들의 부흥으로 인해 자신들의 기득권에 도전을 받자 국교회는 청도교들을 탄압하고 그들의 설교권을 박탈했다. 대부분 청교도들은 투옥되거나 핍박을 이기지 못하여 유럽 지역으로 흩어졌다. 투옥된 청교도들 가운데 가장 잘 알려진 존 번연은 투옥기

천년의 지혜 독서멘토링

간 중 『천로역정』이라는 책을 저술한다. 많은 청교도들이 저작을 통해 청교도들의 신앙을 보존하고 설교문을 원고로 작성하여 글을 통해 영국의 기독교 신앙을 깨우기 시작했다.

이런 청교도 운동에 놀란 영국 국교도들은 국교도가 아니면 영국 대학에 입학하지 못하도록 조치를 취했다. 결국 케임브리지, 옥스퍼드와 같은 영국의 명문대학에 청교도들은 진학할 수 없었고 그 후 청교도 목회자들은 기초적인 교양과 성경 지식도 갖추지 못한 채 설교하거나 가르치는 일이 발생했다. 이러한 청교도 교양의 후퇴로 인해 영국 청교도 운동은 결국 자연스럽게 소멸되고 만다. 지금 시대를 살아가는 우리가 눈여겨봐야 할 대목이다. 기독교 신앙이 삶의 교양과 함께 든든한 기초를 세워야 하는 이유를 역사를 통해 배워야 한다. 그 후 옥스퍼드, 케임브리지 대학을 중심으로 감리교 운동이 영국의 새로운 기독교 신앙과 시민의 교양을 주도하는 운동으로 등장했다는 것은 기독교 신앙에서 중요하게 생각해야 할 시민의 교양의 접점이 어디에서 기초해야 하는가를 눈여겨봐야 할 필요가 있다. (물론 학력이 모든 신학과 신앙의 교양이 될 수 있다는 말은 아니다)

4. 한국 교회 신앙과 시민의 교양

한국 교회는 눈부신 교회 성장을 이끌어 왔다. 한국 교회 성장을 한

마디로 이야기하기는 불가능하다. 한국 교회 성장에는 수많은 요소와 다양한 시대적인 배경 그리고 빼놓을 수 없는 하나님의 역사와 섭리가 있었기에 가능했다. 그 수많은 한국 교회의 성장과 배경 속에 우리가 생각해 봐야 할 한 가지 부분이 있다. 그것이 바로 한국 교회와 기독교 신앙이 가지고 있었던 신앙의 교양이다.

교양이라는 단어의 사전적인 정의를 찾아보면, 교양이라는 단어는 일본식 영어인 culture를 한자로 번역한 단어로 알려져 있다. 일본어 사전에서 culture는 교양 혹은 문화로 번역되어 있는 것을 알 수 있다. 영어에서 교양이라는 단어는 일상적으로 refinement라는 단어를 사용한다. 그런데 culture라는 단어에서 파생한 Cultured라는 단어가 우리가 사용하는 교양이라는 의미와 가장 가깝게 사용된다. 이 단어의 의미는 "일상생활에서 매너가 좋고, 아울러 교육을 받았으며, 예술에도 상당한 지식이 있음을 의미한다"라고 정의하고 있다.

그래서 우리가 교양이라는 말을 정의하면 학문, 지식, 사회생활을 바탕으로 이루어지는 품위 또는 문화에 대한 폭넓은 사고와 지식이라고 설명할 수 있고 더 나아가 이런 교양을 실천하기 위해 우리가 노력해 가는 모든 노력과 성과라고 설명할 수 있다.

이런 의미에서 한국 전쟁 이후 한국 교회와 기독교 신앙은 기초적인 신앙과 시민의 교양을 겸비하고 있었다. 이런 수준 높은 신앙과 시민의 교양이 한국 교회의 부흥을 이끈 밑거름이 될 수 있었다. 어렵고 힘들었던 한국의 시대적 배경에서 한국 교회가 가지고 있었던 시민

천년의 지혜 독서멘토링

의 교양은 대단히 수준이 높고 선도적인 것이었다. 이런 모습은 교육, 구제, 선교, 문화 사역(교회가 한국 사회, 문화를 선도하던 시절도 있었다) 등등 사회 전반에 걸쳐 좋은 영향력을 끼친 것이 사실이다.

그러나 시대가 변하면서 한국 사회는 이미 일정 수준 이상의 시민의 교양과 삶의 수준이 변화되었다. 이것을 인지하지 못하고 여전히 한국 교회가 그 이전의 수준에 안주하면서 한국 교회는 스스로 위기를 맞이하고 말았다. 한국 사회 평균적인 시민의 교양에도 미치지 못하는 교회의 모습에 세상과 사람들은 실망하고 교회는 폐쇄적인 집단으로 인식되기 시작했다.

더욱이 한국 사회에 열풍처럼 불어닥친 인문학의 열풍은 기독교 신앙과 교양에 새로운 화두를 던지고 있다. 한국 사회에 불어닥친 인문학의 열풍은 기독교 신앙과 신학만을 고집하는 한국 교회에 다양성과 포용이라는 두 가지 질문을 던지고 있다. 다만 한국 교회와 그리스도인들이 그 질문조차 인식하지 못하고 있는 상황이다. 이미 〈밀양〉, 〈친절한 금자씨〉 등과 같은 영화에서 화두를 던지기 시작해 〈오징어 게임〉, 〈지옥〉과 같은 최신 드라마에 이르기까지 노골적으로 질문하기 시작했다.

바로 이런 시대적인 물음에서 한국 교회의 기초적인 신앙과 시민의 교양의 문제를 생각해 봐야 한다.

지금이라도 한국 사회에 인문학의 열풍이 불어오기 시작한 것은 다행이다. 2021년 저서 『열혈독서』에서 한국 사회의 독서 실태에 대해 언급한 사례가 있다. 현재 OECD 국가들 중 한국은 독서에 있어서는 가장 후진적인 나라에 속한다. 독서량뿐만 아니라 도서 출간, 일인 독서량, 도서 판매량 등 모든 출판과 독서에 관한 한 아직도 후진성을 면치 못하는 나라가 한국이다. 다시 독서가 필요하다. 독서는 시민이 교양뿐 아니라 신앙의 교양을 형성해 준다. 독서하는 삶이 될 때 다시 한번 신앙의 부흥과 삶을 경험하게 될 것이다.

1. 독서도 소명이다

소명은 심장이 멈출 때까지 감당해야 하는 일이다. 심장이 멈추면 비로소 우리의 소명도 끝난다. 소명의 유효기간은 심장의 유효기간과 같다. 소명이 없거나 소명을 잃어버리면 살아도 살아 있는 것이 아니다. 소명이 없는 삶은 시간을 낭비하고 인생을 허비하기 쉽다. 소명의 중요성을 여기에서 강조할 필요도 없다. 그리스도인이라면 그 자체로 소명을 받은 삶이다. 한동안 제자 훈련의 과정으로 소명서 작성이 유행인 적이 있었다. 제자 훈련의 큰 유익이라면 평신도들도 하나님의 소명의식을 받아들이는 기회가 되었다는 점이다. 전통적으로 소명하면 목회자를 떠올리기 쉽다. 신학교를 가거나 목사 안수를 받을 때 반드시 소명서를 제출한다. 목회자 후보생들이 제출하는 소명서를 보면 그 소명의 다양성과 독특함을 알 수 있다. 하나님께서 우리를 각각의 피조물로 창조했듯이 그 소명도 각각의 삶 속에서 독특하게 부르시고 있음을 본다.

그런 의미에서 독서는 소명이다. 독서도 소명을 받은 사람들이 독서를 한다. 그 소명이 부담감에서 시작하든, 필요에 의해서 시작하든, 독서를 시작해야 할 소명을 느끼면 독서에 몰입할 수 있다. 독서는 모든 그리스도인들에게 소명이다. 신앙생활에도 다양성과 독특함이 인정되는 시대지만 성경 읽기와 기도는 신앙생활의 기초 중의 기초가 된다. 성경 읽기 없는 기도는 신비주의가 될 가능성이 크다. 기도 없는 성경 읽기는 우리의 영혼을 냉랭하게 만들 수 있다. 성경 읽기는 그리스도인을 부르심을 받았다면 반드시 필요한 삶의 일부다.

독서를 한다고 우리의 생계가 보장이 되거나 삶의 보장되지 않는다. 독서가 우리의 직업에서 생계를 유지하는 수단이 되는 순간 독서도 직업이 된다. 하지만 일반적인 독서는 우리의 생계와 무관하다. 오랫동안 책을 읽어야 한다는 내면의 음성이 들려왔다면 그것은 소명이다. 다만 책을 읽어야 한다는 소명을 외면하고 살아왔을 뿐이다. 시간이 지나면 지날수록 삶을 위해 필요한 수단과 직업과 생계를 떠나 반드시 해야 하는, 의미 있는 일을 구분하는 것이 필요하다. 우리에게 있어 소명이란 우리의 생계와 직업군과 상관없을 때가 종종 있다. 우리가 직업군을 떠나도 포기할 수 없는 삶의 모습이 소명이다. 독서도 물론 소명이다.

독서가 생계에 수단으로 활용되는 경우는 매우 드물다. 물론 독서를 통해 생계를 유지하는 삶이 있다. 하지만 우리의 일상에서 독서와 생계는 무관한 부분이 많다. 독서가 소명일 때 독서는 일생의 삶에서 지속될 수 있다. 내가 만나 봤던 독서의 대가들도 독서가 그들의 생계를 책임져 주지 않았다. 그래도 독서의 삶으로 부르심을 받았다.

전작 『열혈독서』에서 나는 이동원 목사님과 강준민 목사님 그리고 박종열 목사님을 독서광으로 소개했다. 『열혈독서』를 출간한 이후 또다른 독서광 김도인 목사님을 만났다. 이들의 공통점은 독서가 소명인 사람들이라는 것이다. 내면으로부터 들려오는 책을 읽으라는 소리에 순종하여 소명을 받은 날로부터 지금까지 독서의 소명을 감당하고 있는 분들이다. 엄청난 열매와 사역의 명성을 얻었음에도 독서가 멈추지 않는 것은 독서가 소명이기에 그렇다. 이들의 독서가 멈추는 날은 심장이 멈추는 날이다. 독서광들이 엄청난 독서에 도달한 이후에도 독서가 멈추지 않는 것은 멈추는 날이 곧 심장이 멈추는 것임을 뜻하기 때문이다.

심장은 피를 공급하고 생명의 뜀박질을 쉬지 않는다. 관점에 따라 다르겠지만 생명을 유지하는 데 심장은 가장 중요한 기관이다. 심장은 잠을 잘 때도 멈추지 않는다. 250그램 조금 넘는 심장은 한 번에 50-80CC 정도를 내보낸다. 하루에 약 7000L(리터)의 피를 펌핑한다. 평균적으로 심장은 1분에 약 70회 정도 운동을 한다. 사람들이 잠을 잘 때에도 심장은 멈추지 않고 운동을 한다. 격렬한 운동을 하면 150회 이상 운동을 하지만 대략 하루에 10만 회 정도를 운동한다. 이를 70

세까지만 운동을 한다고 가정해도 평생 25억 번 이상을 운동해야 하는 경이로운 수치다. 이 25억 번 이상을 운동할 때 규칙을 벗어나거나 평균치보다 높거나 낮게 반응하면 생명체는 즉시 영향을 받는다. 심장이 운동하는 것을 스스로 소명으로 받아들이지 않으면 안 되는 이유다. 심장은 늘 운동을 하기에 인체 중 가장 높은 온도를 유지하는 장기로 이곳에서 암세포가 자랄 수 없다고 알려졌다. 워낙 탄탄한 근육으로 이루어져 세포 분열도 할 수 없다. 자신에게 주어진 운동을 평생의 소명으로 알고 한 치의 오차도 없이 운동을 하는 기관이 심장이다.

심장은 쉼없이 운동해야 하는 것이 타고난 소명이다. 이 소명을 저버리면 생명은 멈춘다. 심장의 운동처럼 독서 역시 쉼 없이 이루어져야 한다. 독서는 시간이 날 때 하는 취미 생활과 활동으로는 독서가 주는 참생명을 경험할 수 없다. 밤낮 쉼 없이 책을 읽는 것이 삶이 되고 삶이 책을 읽는 것이 될 때 독서의 경지에 이를 수 있다.

2. 자신의 소명에 충실했던 한 사람의 이야기

2020년 4월 27일 77세의 한 남성이 로스엔젤레스 근교에서 비행을 마치고 LA 인근 공항인 호손 공항 관제사로부터 '허스키 89 HU'호의 착륙 허가를 받는다. 안전하게 착륙한 이후 그는 활주로에서 나와 유도로를 천천히 이동 중에 있었다. 그때 관제사가 다음 착륙한 비행기

천년의 지혜 독서멘토링

의 인포메이션을 주고 다른 항공기가 착륙할 수 있도록 착륙 허가를 내준다. 관제사는 먼저 착륙하여 도로를 이동 중이던 77세의 남자에게 다른 비행기의 착륙을 허가했으니 잠시 H 자가 쓰여 있는 도로에서 기다리라는 명령을 전한다. 교신이 이루어진 후 항공 착륙을 허가받은 비행기는 안전하게 착륙하기 위해 활주로를 살펴보았다.

그런데 그때 대기 명령을 받고 H 자 활주로에서 기다려야 했던 77세의 남성이 활주로를 향해 비행기를 운행하고 있었다. 다급해진 관제사는 멈춤(stop! stop! stop!)을 외쳤지만 그 남성은 활주로를 건넜다. 착륙 중이던 비행기는 급하게 고도를 높이고 착륙 허가된 활주로가 아닌 건너편 활주로에 임시 착륙을 했다. 다행히 큰 사고가 나지 않았지만 이 사건은 미 항공청에 보고되었고 연방 항공청은 관제사와 비행사에게 경고 조치하고 다음 비행지엔 반드시 조사관의 입회하에 비행할 것을 명령한다. 이 정도의 경고 조치라면 비행을 중단해야 하는 정도였다. 이 노인의 비행 기록을 살펴보던 조사관은 경악을 금할 수 없었다.

이 비행사는 3년 전 이미 인근 캘리포니아의 존 웨인 공항에서도 비슷한 사고를 낸 적이 있다. 이때도 자신이 비행해야 할 활주로를 착각하고 보잉 737기가 이착륙하는 활주로로 비행해 보잉 737기와 충돌 직전까지 가는 아찔한 순간을 맞이했었다. 이 사건도 지역신문에서 조용하게 다루어졌지만 그때도 항공 안정청으로부터 비슷한 경고 조치와 함께 교육을 다시 이수해야 하는 중징계를 받았다. 그러나 멈출 수 없는 소명으로 모든 교육 과정을 이수하고 다시 비행에 도전했다. 그 결과 역시 사고 직전까지 가는 아찔한 순간을 맞이한 것이다.

이 사건 이전 2015년 3월 5일에는 더 큰 사고가 있었다. 이 남자가 조종했던 'Ryan PT-22 Recrtuit'라는 훈련 비행기가 산타모니카 공항 인근에서 문제가 발생해 엔진 출력 없이 인근 공항의 골프장에 비상 착륙했다. 이때 그는 사고로 척추, 대퇴부, 발목 등이 부러지는 전치 5개월의 중상을 당했다. 사고를 목격한 사람들은 살아 있는 것이 기적이라고 말할 정도였다. 미국 3대 뉴스에서 이 사건을 프라임 시간에 다룰 정도로 엄청난 사고였다.

이뿐만 아니다. 1999년 10월 23일에 이 남자는 자신이 몰던 Bell 206 L4 LongRanger라는 헬기를 훈련 교관의 명령 없이 착륙시켜 연방 항공청으로부터 면허증을 박탈당한 일도 있었다.

하지만 이 남자가 사고만 일으킨 것은 아니다. 이듬해인 2000년 그는 다시 헬기 조종면허를 획득하고 미국 아이다호주의 해발 3,500미터 산속에서 조난당한 한 여인의 뉴스를 보고 자신의 헬기를 아이다호까지 몰고 간다. 모든 사람들이 구조에 손을 놓은 채 날이 밝기를 기다리던 그때 그는 조난자를 영화처럼 구조해 내 전 미국이 이 영웅에 대한 이야기로 한때 시끄러웠다.

천년의 지혜 독서멘토링

그는 비행 조종사가 되고 싶었다. 새해 소망을 비행 조종사가 되는 것이라고 적었다. 그의 나이 12살이 되던 해에 비행 조종사가 되고 싶은 소망을 가졌지만 가난했던 그가 비행 학교에 입학하기에는 경제적인 환경이 너무 좋지 못했다. 경제적인 형편 때문에 그는 학업을 포기하고 밤에는 식당에서 일을 하고 낮에는 영화 촬영장에서 엑스트라로 혹은 무대 스태프의 일을 도와주는 일을 병행하며 살았다. 종종 엑스트라 일이 많이 들어와 약간의 경제적인 도움이 되었지만 비행 학교에 입학하기에는 턱없이 부족한 액수였다. 젊은 날 대부분을 영화 엑스트라로 밤에는 식당에서 일하며 살아가던 그였지만 아직 비행 조종사가 되는 꿈을 포기하지 않았다.

엑스트라로 일하던 그가 감독의 눈에 띄어 영화의 조연으로 출연하게 되면서 그는 자신의 꿈을 이룰 수 있는 경제적인 기반이 마련되기 시작했다.

하지만 전문 비행 조종사가 되기에는 이미 적지 않은 나이를 먹었다. 그래도 그는 자신의 꿈을 이루기 위해 비행 학교에 입학을 했다. 적지 않은 나이에 조종 비행술을 배우기 위해 공부를 시작한 그에게 비행기술은 그리 쉬운 것이 아니었다. 열정만큼은 남달랐던 그는 영화 일을 병행하면서 틈틈이 시간이 나면 비행 학교에서 강의를 듣고 비행 조종사 자격증 시험에 응시했다. 결국 그는 미국 조종 비행사 합격증을 받았고 꿈에 그리던 비행 조종을 시작할 수 있게 되었다. 하지만 그에게 있어 실전 비행은 더욱 위험천만한 일이었다.

이 이야기는 우리에게도 잘 알려진 영화배우 해리슨 포드의 이야기다. 그는 영화배우라는 유명직업보다 비행사 해리슨 포드로 불리는 것을 더 자랑스러워한다.

그는 〈인디아나 존스〉, 〈스타워즈〉와 같은 엄청난 흥행을 기록한 영화의 주인공이었다. 그는 자신이 출연한 영화에서도 실제 비행기를 운전했다. 〈인디아나 존스〉에서는 1930년대 파일럿으로 등장하여 비행기를 몰았고 〈스타워즈〉에서는 밀레니엄 팔콘이라는 우주선을 모는 기장으로 출연했다. 영화 〈에어포스 원〉에서는 747 비행기를 조종하기도 했다.

결국 포기하지 않았던 열정으로 그는 자신의 꿈을 이루었고 많은 사람들에게 도전을 주었다.

거듭되는 비행 사고로 인해 미국 언론들에게서 이제는 손자와 함께 세발자전거나 타라는 비난을 받으면서도 그는 비행에 대한 꿈을 놓지 않았다. 그의 비행에 대한 애정과 열정은 다른 할리우드 스타들에게도 영향을 주어 브래드 피트, 커드 러셀, 모건 프리먼, 존 트라볼타, 클린트 이스트우드, 톰 크루즈까지 비행사 자격증에 도전하게 만들었고 톰 크루즈는 개인 비행기뿐만 아니라 상업용 비행기(보잉 같은 전문 여객기) 면허까지 소지하고 있다.

새해가 시작되면 사람들은 새해의 소망을 담아 결심한다. 올해 반드시 다이어트를 하겠다고 결심한다. 올해는 금연을 결심하기도 한다. 영어 공부를 열심히 하겠다고 결단한다. 다이어트 회사의 한 해 매출 중 90%가 1월달이라는 말이 있을 정도로 많은 사람들이 결심하지만 결국 다음 해 1월 다이어트 회사들은 다시 한번 한 해 최고의 매출을 달성한다.

영어 학원들도 매년 새해가 되면 그해 최고의 수입을 달성한다. 매년 1월이면 영어 공부를 하겠다는 수강생들이 학원으로 몰려든다.

그리스도인들도 결심을 한다. 올해는 성경 일독을 반드시 하리라 결심한다. 올해는 새벽예배에 빠지지 않겠다고 결심한다. 올해는 십일조를 시작하겠다고 결단한다. 하지만 우리의 삶의 돌아보면 그 결단만큼 실행에 옮기지 못해 결심만 하는 바보가 되기 십상이다. 새해 결단과 결심도 하나님의 소명의식과 사명이 필요하다. 새해 결단이 하나님의 소명의식에서부터 시작된다면 그 결심을 이루지 못할 일이 없다. 하지만 언제나 연말이 다가와 한 해를 결산하다 보면 그 결심이 열매로 맺히지 못할 때가 많다. 매년 결심만 하는 바보가 된다.

평범한 사람이라면 한두 번 위험한 사고를 만나게 되면 포기하거나 꿈을 바꾸기 마련이다. 어떤 사람들은 해리슨 포드를 계속 실수하는 사람, 비행 사고를 내는 위험한 사람이라고 비난했다. 계속 사고를 내는 그에게 치매가 왔다고 말한 신문 기자도 있었다. 나도 미국에서 해리슨 포드의 기사를 연예 기사면이 아닌 사회면에서 혹은 브레이킹 뉴스에서 보게 되리라고는 상상하지 못했다. 잊힐 만하면 심심치 않게 해리슨 포드의 사건, 사고 소식을 미국 뉴스의 사회 면이나 혹은 긴급 뉴스에서 종종 보았다. 이미 알려진 유명인이기에 그의 비행 사고 소식은 많은 사람들에게 충격을 주었고 이제 그가 비행 조종간을 붙잡지 말아야 한다고 말했다. 그들의 말에도 일리가 있다.

그러나 그는 반복되는 실수에도 도전했다. 실수를 연발하고 항공청으로부터 면허를 박탈 당하면 다시 학교에 들어가 재수강을 했다. 또 사회면에 종종 등장할 때마다 또 무슨 사고를 쳤나 궁금하지만 끊임없는 그의 도전에 박수를 보내게 된다. 이렇게 세상의 꿈을 향해서도 자신이 소명과 사명 의식을 가지면 도전하고 배우게 된다. 많은 사람들에게 도전을 주는 삶을 살 수 있게 된다.

그리스도인들은 누구보다 새로운 삶에 대한 도전을 사명과 소명으로 받아들여야 한다. 세상이 사람들은 열심히 배운다. 어느 직종이든 그 직종에서 일을 시작하면 배워야만 한다. 사람을 고치는 사람이든, 첨단의 제품을 만드는 사람이든, 학생들을 가르치는 사람이든 모든 사람들이 스스로 배우고 익히지 않으면 그 분야에서 살아남을 수 없는 시대가 되었다. 그리스도인들도 배우기를 멈추어선 안 된다. 배우기를 멈추는 순간 죽기만을 기다리는 인생이 된다. 그리스도인들이 새로운 삶에 대한 열정을 지피지 못하면 다시 한번 하나님의 열정을 회복할 수 있도록 기도해야 한다. 누구보다도 말씀의 전문가들이 되어야 한다. 누구보다도 기도에 전문가들이 되어야 한다. 누구보다도 사람들을 살리고 사람들을 섬기는 일에 탁월해야 한다. 누구보다도 말씀대로 살기 위해 열정을 불태우는 삶이 필요하다.

고령의 노인이 된 해리슨 포드에게 기자가 질문을 했다. "왜 그리 열심히 배우세요?"라고 묻자 해리슨 포드는 "Am I still alive?(나 아직 살아 있지?)"라고 되물었다. 그리고 묻지도 않은 비행기 이야기를 계속했다. 한번 이륙한 비행기는 100% 다시 착륙해야 한다고, 99%만 안전해도 그것은 착륙한 것이 아니라고, 자신은 100% 안전한 착륙을 위해서 배운다고 말했다.

이쯤이면 되지 않았나 안심하던 그 순간부터 어쩌면 우리의 어려움이 시작된 것은 아닐까? 어느 순간 교회의 사역과 교회들이 세상과 너무 동떨어진 괴리감을 주기 시작했다. 세상의 문화와 모습을 그대로 따라갈 필요는 없지만 세상보다 배움에서조차 뒤처지기 시작했다면 문제다. 다시 배움의 자리로 나아갈 수 있다면 아직 희망은 남아 있다. 배우기로 작정한 사람들은 못 말리는 사람들이 된다. 배움에 대한 결단과 열망이 시작될 수 있다면 다시 교회는 세상을 향해 선한 영향력을 줄 수 있을 것이다. 독서가 우리의 사명과 소명이 될 때 더 많은 사람들에게 좋은 영향력을 줄 수 있는 삶이 될 것이라고 믿는다.

이런 독서의 소명과 사명이 우리를 3천 독서의 자리로 이끌 수 있다. 독서는 우리에게만 주어진 사명과 소명은 아니었다. 모든 그리스도인들이라면 읽기는 사명이며 소명이었다. 예수님의 제자들은 예수님의 삶을 글로 기록해 놓았다. 온 교회가 예수님이 남겨 놓으신 복음의 메시지를 읽는 것은 사명과 소명이었다.

사도 바울도 자신이 개척한 교회들에게 편지했다. 온 교회는 사도의 편지를 읽고 그 말씀대로 실천하며 살아 내는 것이 교회의 소명이었다.

읽음의 소명을 잃어버렸다면 다시 한번 읽기의 소명을 회복해야 하는 때가 되었다. 읽음의 소명을 회복할 때 우리는 3천 독서의 문을 열어 그곳에서 사명을 완수할 수 있는 은혜를 경험하게 된다.

천년의 지혜 독서멘토링

독서는 문제를 품게 해 준다

인생에는 많은 문제들이 있다. 우리는 문제를 만날 때마다 그 문제를 풀려고 모든 수단과 노력을 동원한다. 하지만 문제를 풀려면 풀수록 문제는 꼬이기 마련이다. 문제는 푸는 것이 아니라 품어야 문제가 해결된다.

독서는 문제를 푸는 것이 아니라 품는 것이라고 말해 준다. 그렇게 문제를 품었던 사람들이 해결된 고민의 사건들을 글로 엮은 것이 책이다. 결국 책이란 문제를 품고 있다. 품었던 문제가 스스로 풀려 정답은 아닐지언정 해답을 얻게 하는 것이 책이다. 책에서 우리는 문제를 품는 법을 배운다.

많은 사람들이 독서를 통해서 지혜를 얻는다. 특별히 자신들에게 다가온 문제에 대한 답을 얻기 위해서 독서를 한다. 독서를 통해 문제해결의 답을 얻으려는 것은 좋은 동기다. 책은 많은 문제의 답을 준다. 책을 통해서 문제 해결을 경험하게 된다. 그러나 책 한 권을 읽고 우리의 모든 문제들을 적용할 때 가장 위험하다. 세상에서 제일 무서운 사람은 책 한 권을 읽은 사람이다. 이런 사람들은 다양성을 무시하고 독선적인 사람이 될 수 있다.

교회를 개척한 초창기, 너무나도 많은 어려움이 있었다. 교회가 안정되어 가고 성장하는 시기에도 너무나도 많은 어려움이 있었다. 코로나 사태 이후 교회는 심각한 위기와 문제들 앞에 놓여 있다.

내가 책을 읽기 시작한 것은 너무나도 많은 문제가 있었기 때문이다. 특별히 이민 목회를 하면서 사람과의 문제는 목회자에게 너무나도 큰 고통이었다. 주일 새벽 4시만 되면 전화가 온다. 오늘 주일 설교 본문을 자신이 검토한 이후에 합격하면 설교하라며 본문을 보내라고 한다. 목사가 주일 새벽에 잠을 잔다고 게으르다고 한다. 본인은 새벽까지 무엇을 했는지 모르지만 예배에 와서 잠을 잔다. 코를 골며 잔다. 새가족이 그 모습을 보고 교회 나오기 어렵겠다며 떠났다.

이 문제를 풀어 보기 위해 많은 노력을 해 봤다. 기도도 하고 협박도 하고, 달래 보기도 하고, 실제로 설교 본문을 보내 보기도 하고. 하지만 이 문제는 풀리는 문제가 아니다. 다른 목회자들은 이런 환경과 상황에서 어떻게 목회를 하셨는지 책에서 문제를 답을 얻어 문제를 풀어 보려고 책을 읽기 시작했다. 한 권의 책으로 부족하다 생각하면 여러 저자의 책을 읽었다. 상황마다 경험한 사건과 상황이 달라 도움이 되기도 했지만 뾰족한 묘수를 찾지 못했다.

무엇이 문제일까?

독서를 통해서 문제를 깨달았다. 결국 문제는 내가 푼다고 해결되는 것이 아니다. 문제는 품을 때 해결되는 것이다. 문제가 생길 때 나는 그 문제 해결을 위해 책을 읽었다. 당장 어떤 해결책도 답도 얻지 못했다. 여전히 그 문제는 남아 있었다. 하지만 책을 읽으면서 동일한 문제지만 그 문제를 대하는 내 모습에 변화가 일어났다. 그 문제를 품고 기도하기 시작하게 됐다. 책을 한 권 읽을 때마다 각각의 문제들을 품게 되었다. 어느 정도 독서의 시간이 지속되어 임계점에 이르게 되자 문제를 풀려고 하기보다 문제를 품기 시작했다. 사람들의 문제를 풀어 주려 하기보다 문제들을 품어 주고 기도하게 되었다.

독서의 진정한 가치는 문제를 풀어 주는 데 있지 않다. 독서의 진정한 가치는 문제를 품는 자로 만들어 준다는 것이다. 아직도 많은 분들이 독서를 통해 문제 해결을 받으려 하고 답을 찾으려고 한다. 동기와 의도는 칭찬받아 마땅하다. 그러나 독서를 통해 문제를 품는 사람이 되는 임계점을 넘어서야 독서의 진짜 능력을 경험하게 된다. 독서의 임계점은 문제 품을 수 있는 능력을 향상시켜 준다. 독서를 통해 쌓은 수많은 간접경험은 각 사람의 문제를 어떻게 품어야 하는지 알려 준다.

독서를 시작하는 사람들은 독서를 통해 문제 해결을 원하다. 책은 문제에 직면했던 사람들의 경험에서 출발한다. 책을 읽고 책방을 찾는 이유 중의 하나가 문제에 직면했을 때다. 우린 본능적으로 책은 문제를 풀어 주는 것이라는 정의를 가지고 있다. 이것은 경험적인 학습을 통해서 익힌 것이다. 학교에 입학하여 접하게 된 학습지, 문제집을 통해 책은 문제를 풀어 주는 것 이라는 인식을 갖게 되었다. 책은 문제를 풀어 주고 문제를 풀 수 있는 힘을 준다. 하지만 책을 읽어야 하는 이유는 문제 풀이를 배우기 위해서가 아니다. 독서의 진정한 가치는 문제를 푸는 요령을 배우는 데 있지 않다. 독서의 진정한 가치는 문제를 품는 사람으로 만들어 준다.

목회를 하면서 수많은 문제들을 만났다. 이민 사회는 독특한 사회다. 설명하기 힘든 구조와 관계로 얽혀 있는 사회다. 이런 상황에서 문제를 만났을 때 당황하기 쉽다. 얽힌 실타래를 푸는 것이 더 수월하게 느껴진다. 목회자들이 문제를 풀려다가 더 헝클어져 버린 문제를 접한다. 문제를 겨우겨우 풀어냈지만 또 다른 문제를 만나면 진이 다 빠져 문제에 매몰되기도 한다. 하지만 문제를 품었을 때 그 문제의 결과는 놀라운 결과를 가져온다.

좋은 책은 문제를 푸는 방식만을 가르쳐 주지 않는다. 좋은 책은 문제를 품는 법을 가르쳐 준다. 좋은 책은 단순히 질문에 답만을 제공해 주지 않는다. 좋은 책은 좋은 질문하는 법을 가르쳐 준다. 좋은 저자는 단순히 문제를 풀이하는 법만을 글로 쓰지 않는다. 좋은 저자는 문제의 근원을 살펴 문제를 품어 본 사람들이 문제를 품어 본 경험을 글로 쓴다. 문제 풀이집이 우리의 학교 수준을 결정해 줄 수 있어도 인생의 수준을 결정해 주지 못하는 이유다. 문제 풀이집이 우리 인생에 결정적인 영향력을 미치거나 삶을 변화시켜 주지 못하는 이유다.

이런 이치는 좋은 선생님이 단순히 수학 공식의 문제 풀이를 가르치지 않는 것과 같다. 좋은 문제 풀이는 학원에서 얼마든지 배울 수 있다. 학교 교육 특별히 선생님으로부터 우리가 원하는 것은 문제 풀이 이상의 것을 기대하는 것과 같은 원리다.

독서의 진정한 가치는 책을 통해 단순한 문제 해결의 문제 풀이가 아닌 근본적인 문제를 품어 보는 지혜를 얻는 데 있다. 책의 깊이가 다른 것은 얼마나 깊이 있게 문제를 품어 보았는가에 달려 있다. 마음속 깊이 품어 본 문제들은 깊이 있는 경험들을 들려줄 수 있다. 그래서 독서는 책을 품어 봐야 그 책의 진가를 알 수 있다. 작가가 얼마나 자신의 글을 마음에 품고 문제를 삭혀 내서 글로 내놓았는가를 독자도 함께 경험할 때 책은 비로소 자신의 보물을 독자에게 전달한다.

책이 힘이 있다는 말은 그 힘에 가장 큰 영향을 받는 존재가 사람이라는 말이다. 2차 세계대전을 일으켜 많은 피해를 준 나치 독일은 자신들의 집권기에 많은 책과 문헌들을 불살라 버렸다. 새로운 책의 출판을 금지했을 뿐만 아니라 1억 권이 넘는 책을 파쇄했다. 문제의식을 품고 그 문제를 고민하여 글로 토해 내는 모든 질문과 문제 자체의 힘과 파괴력을 알고 있었기에 나치는 책을 파괴하는 것으로 독일인들의 마음을 자신들이 마음껏 조종할 수 있었다.

이런 상황을 인식하고 있었던 미국 도서관 협회는 전쟁터에 나가 있는 군인들에게 책을 보급하는 운동을 실시했다. 히틀러가 책을 불태웠다면 그보다 더 많은 책을 보급하고 읽혀 이 전쟁의 문제를 품고 근본적인 대책과 해결책을 위한 강력한 무기를 만들어 내는 데 총력을 다했다.

미국 전역에서 한 달 만에 1만 권의 책이 기부되어 병사들에게 전달되었다. 이에 만족하지 않고 전국의 모든 출판사에서 휴대가 간편한 책을 만들어 대략 1억 4천만 권의 책을 전쟁터에 보냈다.

연합군은 전쟁에서만 승리한 것이 아니라 근본적으로 나치의 문제점을 품고 그 문제에 대항하여 저항한 젊은이들의 승리였음을 입증해 냈다. 칼과 총으로 해야 하는 전쟁도 있지만 책을 통해 치열하게 해야 하는 전쟁도 있음을 알아야 한다.

그런 의미에서 성경 읽기는 최고의 독서다. 성경은 단순히 우리에게 문제 해결의 답만을 제시하지 않는다. 성경을 통해서 우리는 인생의 수많은 문제를 품고 삶에서 몸으로 체득한 답을 남겨 놓은 저자들을 만난다. 어느 누구도 성경을 단순한 문제 풀이의 책으로 제시하지 않는 이유다. 성경 읽기는 그래서 눈으로 읽고 마음에 품어야 성경의 진면목을 알 수 있다.

세상의 책들은 인생이 경험하는 경험의 문제들에 대한 문제 인식에서 출발한다. 성경은 영적인 문제들에 대한 인식에서부터 출발한다. 성경 읽기만으로도 훌륭한 독서가 가능한 이유다. 하지만 성경 읽기란 마음먹은 대로 쉬운 것이 아니다.

내가 목회를 하는 제자들교회는 매년 1월이면 전 교인 성경일독을 한다. 한 달 동안 성경을 읽는 것은 쉽지 않다. 시작부터 포기하는 사람들이 속출한다. 성경일독이 어렵다는 생각이 지배하고 있기에 그 문제를 해결하는 것이 어렵다. 성경 읽기는 단순한 작업이 아니라 영적인 작업으로 인식하고 접근하는 것이 필요하다. 단순히 게으르고 시간이 없어 읽지 못함이 아니라 영적인 방해도 동반된다는 것을 알아야 한다. 그래서 성경 읽기는 다른 독서보다 어렵다. 영적인 문제들과 고민들을 영혼 깊이 품어 보고 그 문제 앞에서 성경을 읽어 나가야 성경의 진면목을 발견할 수 있다.

결국 성경 읽기를 통해 한 차원 더 높은 인생의 문제들을 접하게 될 때 성경 읽기는 단순한 독서를 뛰어넘어 영적 문제들을 품고 써 내려간 영혼의 글이란 것을 깨닫게 된다. 이런 깨달음이 더욱 성경을 가까이하게 한다. 성경을 읽는 것도 영적인 문제를 품겠다는 결단으로부터 시작하면 많은 유익이 있다. 영적인 문제를 깊이 있게 품어 내면 성경이 품고 있는 영적인 보물들을 발견할 수 있다.

독서는 문제를 해결 받게 한다

독서의 유익은 직간접적으로 많은 문제의 답을 얻는 데 있다. 대한민국 기네스북에 올라 있는 최고의 베스트셀러 목록을 살펴보면『수학의 정석』과『성문 종합영어』라는 것을 알 수 있다. 우리 아버지, 삼촌 세대부터 우리가 살아왔던 시대와 자녀들 세대까지 명실공히 한국 최고의 베스트셀러라 불러도 손색이 없다. 대한민국에 인문학 열풍이 불어 책에 대한 관심이 높아졌지만 여전히 베스트셀러 목록의 상단을 차지하는 것은 수능문제집이나 입시에 관한 책들이다. 그만큼 한국 사회의 시대적인 상황을 반영하는 것이라 할 수 있다.

대한민국의 공적 교육에서 독서도 입시를 위한 하나의 도구와 수단으로 전락해 버린 지 오래되었다. 이런 문제점의 연속선상에서 논술역시 입시를 위한 하나의 과정과 문제에 불과하다. 결국 독서 교육이라는 것 자체가 무용지물이 되어 버렸다. 이런 상황 속에서 문해력과 폭넓은 독서량이 요구되는 수능 문제는 그 의도와 다르게 문제 해결을 위한 문제 풀이로 다시 전락해 버리고 말았다. 문제 풀이에 매달려

일생을 달려가지만 정작 만나는 진짜 문제들 앞에서는 문제를 풀 수 없어 낭패를 당하기 일쑤다. 이것이 한국 교육에 있어 가장 치명적인 문제가 되고 있다. 독서 역시 문제를 풀기 위한 접근법으로 시작하다 보니 진짜 해결해야 할 문제들을 만나게 되면 정작 문제 앞에 좌절하게 된다.

독서는 문제를 해결하기 위한 과정이 아니라 문제가 해결 받는 과정이다.

사람마다 독서를 시작하는 동기가 다르다. 나는 교회를 개척한 이후 발생하는 여러 가지 문제들 때문에 독서를 시작했다. 개척교회는 어렵다. 이렇게 많은 어려움이 있었다는 것을 미리 알았다면 교회를 개척하지 않았을 것이다. 교회 개척 2년 만에 큰 어려움에 직면하게 되었다. 함께 동역하던 리더십들이 교회를 떠났고 그 과정에서 수많은 오해와 억측들, 문제들이 발생했다. 문제가 해결되어 교회가 성장해 나갔지만 또 다른 문제들이 순간순간마다 발생했다. 그 문제들 앞에서 해결책을 찾아보려고 책을 읽기 시작했다. 그러나 책 속에서 정답을 발견하기 어려웠다. 하지만 독서하는 동안 대다수의 많은 문제들이 이미 해결되어 있는 것을 경험했다. 아무리 큰 문제가 있어도 독서의 양으로 그 문제를 덮어 버리거나 휩쓸고 지나가 버리는 경험을 하게 되었다.

우리는 지난 3년 코로나 시대를 지났다. 많은 교회가 어려움을 경험했다. 아직도 그 어려움의 과정 속에 있다. 코로나 시대의 어려움

제1부_새로운 미래 혁명, 읽기의 힘

은 이제 본격적으로 시작되었다고 말한다. 누구도 경험해 보지 못한 코로나 시대의 지난 3년간 책에서 해답을 찾아보려 노력했다. 하지만 정작 필요한 정답을 발견하지 못했다. 하지만 독서하는 시간 동안 코로나 시대를 극복했을 뿐 아니라 책을 두 권 쓸 수 있었다.(『열혈독서』,『메타씽킹 생각의 생각』) 독서를 통해 정답을 발견하는 기쁨보다 독서를 통해 문제가 해결되는 새로운 경험은 왜 이 시대에도 독서가 필요한지를 보여 준다. 두 권의 책을 발간한 후 2권의 공저를 요청 받았다. 『다음세대 셧다운』,『목회트렌드 2024』(글과길)이 그것이다. 다섯 번째 책『나의 사랑 아프카니스탄』은 CLC(기독교문서선교회)에서 출간이 결정되어 곧 출간이 된다. 나는 매년 한 권 이상의 책을 출판하고 있다.

가장 큰 문제인 자존감

　교회를 개척하고 기대했다. 교회를 개척하기만 하면 교회가 부흥하고 주님의 사역을 잘 감당하는 교회로 성장할 것이라 생각했다. 그러나 사역은 무기력해졌고 생각지 않은 문제들을 접했고 삶도 점점 무기력해졌다. 가장 큰 문제는 개척교회 목사로서 경험하게 되는 무기력한 자존감이다. 개척교회 목사라면 한 번쯤 경험해 보았을 자존감의 문제가 내게는 상당히 심각했다. 사람들이 무시한다는 착각 속에 살았다. 그 착각은 심한 열등감이 되었다. 그 열등감으로 인해 가정에서도 나쁜 남편, 나쁜 아빠가 되어 갔다. 다음은 하루 일과를 마치면서 그날 있었던 일을 기록한 글이다.

주일 1부 예배를 위한 사역자 기도회를 마치고 개인적으로 기도하며 설교를 다시 정리하는 시간을 가진다. 이 시간은 가장 긴장되는 순간이며 아직까지도 설교하러 단에 올라가는 것이 두려워 준비한 설교 원고에 집중하는 시간이다. 개척 초기부터 설교를 시작해야 하는 시간에 가장 큰 긴장감을 느꼈다.

전화 벨이 여러 차례 울렸다. 물론 진동이기에 나만 전화 벨이 울리고 있다는 것을 알고 있다. 이 시간에 전화가 와도 곧 설교를 해야 하는 시간이기에 웬만하면 전화를 받지 않는다. 하지만 오늘은 왠지 이 전화를 받아야 한다는 생각이 들어 전화를 받았다. 전화를 받으면서도 전화를 받지 말아야 하는데 하는 생각이 들었다.
자칫 설교 준비와 집중력이 깨져 정작 예배에 집중할 수 없을 때가 많아 주일 오전에는 전화를 받지 않았던 습관 때문이다. 늘 불길한 예감은 틀림이 없다.

"여보세요, 제자들교회입니다."

"어이, 거기 몇 명이나 모여?"

"네, 혹 전화 주신 분 누구신지 알 수 있을까요?"

"어이, 거기 몇 명이나 모이냐구? 교회 아니야?"

"네, 교회 맞습니다. 어떻게 도와드릴까요?"

"몇 명이나 모이냐고 묻는데 말귀 참 못 알아듣네"

뚜뚜뚜…

그렇게 전화 통화는 일방적으로 끝이 났다. 앞으로 1부 예배까지는 10분 정도 시간이 남아 있다. 앞으로 10분 후면 은혜로운 설교를 해야 한다. 하지만 지금 내 마음과 영혼은 순간 말할 수 없는 착잡함과 비참함, 자괴감, 서러움, 분노, 낮은 자존감 같은 부정적인 단어들이 지배하고 있다.

난 순간 어이! 말귀를 못 알아먹는 사람이 되었다. 너무 당황스럽기도 하고 황당하기도 하다. 개척 이후 황당한 전화를 많이 받아 보긴 했지만 오늘 아침 받은 전화가 가장 당황스럽게 느껴졌다. 난 지금까지 몇 명이나 끌어모았어야 하나! 그분은 대략 몇 명이나 모이면 관심을 갖고 교회에 출석을 하셨을까?

이런 전화를 받고 나면 설교하기 어렵다. 자존심이 상하고 마음이 어렵다. 성도들이 아멘도 하지 않으면 설교를 못 해서 혹은 작은 교회

여서, 내가 부족해서 등등 온갖 생각들로 나 스스로를 괴롭히기 일쑤다. 집에 돌아가 괜히 아내나 아이들에게 온갖 신경질과 불만을 쏟아 놓는다. 그렇게 일상이 반복돼 왔던 것이 과거 나의 모습이다. 금식하고 작정기도와 철야 기도도 해 보았지만 극복되기 어려운 것이 자존감에 대한 문제였다. 멘토목사님들과 상의도 하고 솔직하게 문제를 나누어 보아도 그때뿐 이런 쓴 뿌리는 어김없이 다시 올라왔다. 난 그때 스스로 이 문제는 내가 큰 교회 담임이 되거나 교회가 부흥해야 없어질 것이라고 생각했다.

하지만 3천 독서를 한 지금, 내 안은 허물 수 없는 견고한 건강한 자존감으로 채워져 있다. 이 자존감의 시작점은 유치하기 짝이 없게도 3천 권을 읽었다는 자신감이다. 자신감은 자존감을 높이고 자존감은 다시 자신감이 되어 스스로 건강을 회복하는 선순환이 되었다.

독서를 통해서 문제 해결을 받았다. 독서의 가장 큰 유익은 절대 풀 수 없을 것 같던 문제가 저절로 해결되는 축복이다. 사람의 경험치에 따라 문제가 해결받는 때가 다르겠지만 임계점을 돌파하던 800권 즈음 문제가 스스로 해결돼 버린 것을 경험했다. 3천 독서의 유익은 어떤 문제도 책 3천 권 독서로 해결되지 못할 만큼의 큰 문제는 없다는 것이다.

3천 독서를 마쳤을 때 누구보다도 건강한 자존감이 만들어져 있었다. 감격과 뿌듯함도 있었다. 어떤 말과 어떤 상황에서도 흔들리지 않는 건강한 자존감이 한 권, 한 권의 책을 읽어 쌓아 가는 만큼 튼튼하게 자존감이 쌓여 갔다.

책을 한 권씩 읽을 때마다 내 안의 상처와 낮은 자존감으로 인해 닫아 두었던 마음의 창문이 열리는 경험을 했다. 어떤 책이든 그 책의 내용에는 긴장감(위기)과 문제를 담고 있다. 가장 극렬한 어려움의 경험과 내용들이 들어 있다. 정답은 아닐지언정 해답을 찾기 위한 노력과 해법을 알려 주는 것이 책이다. 3천 독서는 내 안에 아무리 많은 문제가 있어도 내 마음의 창문을 활짝 열어 주었다. 당대의 명저란 따로 있는 것이 아니라 지금 내 손안에 들려 내 마음을 활짝 열어 주는 책이 명저 중의 명저다.

독서를 통해 문제가 저절로 해결된다는 것은 결국 내 마음에 새겨진 그 무엇이 문제를 극복하는 힘이 되었다는 말이다. 마음이 가꾸어지면 문제는 스스로 해결되는 것이란 뜻이다. 독서는 우리의 마음을 가꾸어 가는 일임을 알 수 있다. 잘 훈련되고 문제 해결에 대한 해결책을 가지고 있어도 마음이 잘 가꾸어지지 않았다면 아무런 소용이 없다. 머릿속에 가지고 있던 여러 지식들이 마음으로 내려가면서 문제가 스스로 해결된다. 지식이 육화되고 육화된 지식이 영적 성숙으로, 영적 성숙이 영성 개발로 선순환되는 과정에서 문제가 스스로 해결되는 영적 메커니즘이 형성된다.

베네딕토회 전통에서 유래된 렉시오 디비나는 독서법을 통한 영성 개발을 의미한다. 하나님의 말씀과 내 문제가 충돌할 때 이미 영적인 폭풍우가 일어나 우리의 문제 안에 하나님이 역사가 시작된다는 것이다. 이런 영적 충돌은 기꺼이 해결하고 싶은 문제들 앞에 스스로 걸어 들어가 문제의 근본적인 문제들을 객관화한다. 이런 객관화의 자리에 서는 것이 3천 독서의 힘이다.

독서에는 독성이 있다 - 과거의 나로 돌아가지 않기 위해 독서가 필요하다

독서는 위험하다. 독서에는 독성이 있다. 독서만큼 위험한 행위도 없다. 독서는 절대 과거의 나로 돌아갈 수 없고 독서 이전의 삶으로 돌아갈 수 없게 만든다.

"읽고 나면 절대로 읽기 전의 나로 돌아갈 수 없게 만든다."
"책을 읽기 전의 나와 읽은 후에 내가 만나는 부대낌을 만든다."

같은 배추지만 소금으로 절여진 배추는 이전의 배추와 다르다. 같은 오이지만 소금을 머금은 오이 피클은 이전의 오이와 다르다. 소금으로 절여진 배추가 이전의 배추로 돌아갈 수 없다. 오이 피클도 다시 오이로 돌아갈 수 없다. 독서의 독성은 책을 읽기 전의 나로 절대 되돌릴 수 없다는 것이다.

3천 권을 읽고 난 후 가장 후회되는 일은 독서를 멈출 수 없게 된 것이다. 『열혈독서』에서 이미 밝혔듯이 마음만 먹으면 하루에 한 권의 책을 읽을 수 있게 훈련되었다. 300페이지 분량쯤은 단숨에 읽을 수 있게 되었다. 3천 권의 책을 읽고 나니 많은 지식과 학습 효과가 더해졌다. 관심이 있는 분야는 상당히 전문적인 지식을 소유할 수 있었다. 목표를 이루었으니 독서를 잠시 쉬거나 하루에 한 권을 읽어 내는 일을 조금 늦추거나 할 수 있을 줄 알았다. 하지만 독서에는 독성이 있다. 독서에도 중독이 있다. 독서 중독에는 끊을 수 없는 독성이 있다. 독서하지 않던 과거로 절대 돌아갈 수 없다는 것이다. 절대로 돌아갈 수 없다. 다시 말하지만 절대 과거 독서하지 않던 모습으로 돌아가지지 않는다. 그래서 생각 없이 책을 집어 들면 안 된다.

새벽예배가 없는 토요일이나 주일에 쉼을 위해 늦은 시간까지 잠을 청해 보지만 책을 읽어 왔던 그 새벽시간에 눈이 떠진다. 물론 눈이 떠진 이후 책을 읽을 것인지, 말 것인지 결정하는 것은 본인에게 달려 있다. 눈이 떠졌다고 곧바로 책이 저절로 읽히는 것은 아니다. 3천 독서의 독성은 눈이 저절로 떠진 그때부터 다시 독서를 해야 하는 것이다. 하루쯤 너무 일찍 눈이 떠진 것에 화가 나 의도적으로 책을 읽지 않았다. 마음속으로 '이미 충분해. 이미 3천 권을 읽었어. 오늘 하루쯤 괜찮아' 되뇌었지만 결국 다시 손에 책을 잡고 읽고 말았다.

결국 이런 독서의 독성이 가장 심각하게 나타나는 상황에 부딪힌다. 쇼핑과 휴가다.

아내와 함께하는 쇼핑 시간은 독서가 가져다준 독성이 가장 괴롭게 만드는 시간이다. 가족들과 함께 즐기는 휴가시간도 독서의 독성이 가장 강하게 올라와 부대낌을 주는 시간이다. 분명 독서는 좋은 것이지만 독서의 독성이 강해 쇼핑과 휴가에는 독약이 된다.

그래서 독서가 독약이 되지 않도록 독서에도 독성이 있음을 인지하는 것이 필요하다. 독약은 독이 되기도 하고 약이 되기도 한다는 의미다. 약이 되도록 사용하지 않으면 독성으로 인한 부작용이 따르기 마련이다.

이 시대에 가장 잘 알려진 독약이 있다면 보톡스다. 보톡스는 얼굴의 주름을 없애 주는 약으로 성형의 시대에서 시술의 시대로 전환한 위대한 발견품이다. 현재 세계에서 가장 많이 처방되는 의약품으로 알려졌고 앞으로 그 수요는 더 늘어갈 것으로 전망된다.

원래 보톡스는 보틀리눔 톡신이라는 풀네임을 가지고 있다. 이름에서 알 수 있듯이 보톡스는 독이다. 원래 보톡스는 보틀리누스균이란 곳에서 추출하는 생화학물 독이다. 원래 보틀리누스균은 독성이 없지만 산소가 없는 조건에서 발아할 때 독소를 분비하게 되는데 그것이 바로 보톡스다. 보톡스는 현존하는 가장 무서운 독이다. 0.5나노그램이면 성인 남녀가 즉사할 수 있다. 현 인류를 모두 죽이는 데 100kg의 보톡스만 있으면 충분한, 무시무시한 독이 보톡스다. 이렇게 무시무시한 독을 이용하여 주름을 만드는 물질을 죽이거나 혹은 세포의 증식을 막아 주름 개선에 효과를 주는 것이 보톡스다. 결국 독을 잘 이용하여 약으로 사용하는 대표적인 것이 되었다.

독서가 주는 독성은 때론 심각한 상황을 가져다준다. 책을 잘 정리할 만한 공간이 없는데도 계속해서 책을 주문한다. 더 이상 정리, 정돈을 할 수 없는 상황에서 원하는 책을 쉽게 찾아내는 것이 어렵다. 결국 분명히 책이 있는데도 책을 찾을 수 없어 책을 다시 구매해야 하는 불상사가 발생한다. 주인에게 허락을 받지 않고 책을 빌려가 다시 반환하지 않는 일은 이제 달관했음에도 정말 용서가 되지 않는 일이다. 더 이상 책을 정리할 수 없는 지경임에도 계속해서 책을 구입하는 것도 큰 독성 중의 하나다.

같은 이슬방울이지만 독사가 먹는 이슬은 독이 되고 소가 먹는 이슬방울은 우유가 된다. 같은 책도 누군가에는 독이 된다. 차라리 읽지 않아도 좋았을 것을 읽어 버림으로 헤어나올 수 없는 상황이 된다. 자신의 욕망과 지적 욕구만을 채우기 위한 독서는 독이 된다. 쌓이는 지적 지식만큼 오히려 타자에게 독을 품어 내고 만다. 독서가 약이 되기 위해서 책을 충분히 소화해야 한다. 낮아지고 겸손한 마음으로 저자가 전하는 말에 귀 기울여 들어야 한다. 나에게 먼저 약이 되어 나를 치료한 책이 나를 통해 다른 사람들을 치료하는 약이 될 수 있다.

그러므로 책을 통해 날마다 치유되는 경험을 해야 한다. 그런 경험이 없이 받아들인 지식은 독이 되어 오히려 지식의 늪에 매몰되어 스스로 헤어나올 수 없는 상황이 될 수 있다.

또 다른 독서의 독성은 '고독'이다.
독서는 스스로 고독해지지 않으면 안 된다고 말한다.

독서의 독성은 스스로 고독해지도록 만든다. 고독(高讀, 높은 경지의 읽기 능력)은 고독(苦毒, 고통스러움)의 자리에서 얻어지는 결과다.

"당신은 고독합니까?"라는 질문을 받는다면 나는 무엇이라고 답을 할 수 있을까? "가정이 있어 아내가 있고 두 자녀가 있는 행복한 가정을 이루고 있기에 나는 고독하지 않습니다"라고 답하면 될 것 같다. 스스로 고독을 선택하는 사람은 없다. 하지만 독서의 독성은 스스로 고독한 자리로 가라고 말한다.

인생이 그리 고독하지는 않았다. 정확하게 말하면 고독할 시간이 없었다. 고독이라는 사전적 의미는 쓸쓸하고 외로움, 부모 없는 어린아이와 자식 없는 늙은이라고 정의한다. 사전적 정의를 대입해 봐도 난 고독하지 않았다. 스스로 고독하다고 생각하지 않는 시기에 우연히 고독과 만나는 사고를 경험했다. 고독하다고 느끼는 시기를 맞이했다.

단 한 번도 고독하다고 생각해 보지 않았는데 마음이 흔들리기 시작했다. 단지 코로나 바이러스로 인한 우울감 때문만은 아닌 것 같았다. 고독하다는 감정이 불행하다는 생각에서 시작한다면 나는 고독하지 않다. 아직 불행하다고 생각하지 않기 때문이다. 내가 생각하는 행복이란 어떤 상황에서도 흔들리지 않는 마음이다. 예전에는 행복과 불행은 외부에서 오는 환경적인 영향이라고 생각했다. 가령 부자 부모, 좋은 직장, 공부 잘하는 자녀들, 좋은 스펙들같이 보이는 것이

천년의 지혜 독서멘토링

었다. 그러나 이제는 행복이란 외부의 환경이 나를 지배할 수 없다는 것을 알았다. 그러니 적어도 고독하다는 것도 내가 불행하기 때문은 아니다.

코로나 바이러스 사태로 바쁘던 일상이 일시적으로 멈추었다. 영구적인 멈춤은 아니었지만 적지 않은 혼란을 가져다준 것은 사실이다. 일상의 삶에서 자신의 임무를 발견하려는 인간의 욕구와 본능 때문에 눌러 왔던 여러 감정들이 일시에 표현되기 시작했다.

나에게 고독은 아마도 이런 감정들이 일시에 표현되는 현상이었다. 고독은 쓸쓸함과는 다른 감정이다. 고독이 쓸쓸함과 다른 감정이 되려면 우리는 스스로 고독해질 필요가 있다. 외로움과 쓸쓸함이 훈련되지 못해 평안과 기쁨을 잃어버리는 것이라면 고독은 자신의 삶을 바라보기 위해 외로움과 쓸쓸함을 스스로 선택하는 훈련이다. 우리는 공부 잘하는 훈련, 정답을 맞추는 훈련, 사회에서 돈을 벌고 살아남는 훈련들을 받아 왔다. 그런데 고독해지는 훈련을 받아 본 적이 없다. 스스로 고독해지는 법을 배우지 못했으니 고독감이 밀려오면 견디지 못한다. 독서는 우리 스스로가 고독을 선택하지 않고는 정복할 수 없는 일이다. 스스로 고독을 선택한 자리에서 독서의 성취가 완성된다. 독서의 독성은 견디기 힘든 외로움과 고독의 자리로 우리를 안내한다.

이민의 삶은 견디기 어려운 삶의 무게와 함께 시작할 때가 많다. 낯선 언어, 인종, 문화, 환경에서 오는 고독함이란 표현하기 어렵다. 이런 고독함을 가진 사람들이 모여 삶의 공동체를 만들어 냈다. 고독함을 숨긴 채 만들어진 공동체가 건강할 리 없다. 얼굴은 웃고 있지만 고독하다고 아우성이다. 물질은 이제 걱정하지 않고 살아도 될 만큼 풍성해졌지만 고독하다고 아우성이다.

스스로 고독(高讀)해지지 않으면 고독(苦毒)함이 밀려올 때 고독(苦毒)이 된다. 이 독은 우리 스스로를 죽이고 공동체를 파괴하는 엄청난 독이다. 스스로 고독(高讀)해져야 하는 이유는 고독(高讀)을 통해 나를 경험하는 시간인 까닭이다. 독을 스스로 해결하는 방법을 발견하지 못하면 그 독은 공동체에 치명적인 문제가 된다. 고독(苦毒)해질 때 스스로 고독(高讀)해지지 않아 공동체가 아프고 문제가 발생한다.

스스로 고독(高讀)해지는 광야의 시간이 필요한 이유다. 스스로 고독(高讀)해지는 묵상과 고요의 시간이 필요한 이유다. 단 10분이라도 고요한 고독(高讀)의 삶의 자리를 가져야 하는 이유다. 이런 독서의 독성을 마주할 수 없다면 독서를 피해야 한다. 거듭 말하지만 독서는 위험한 일이다.

고독(苦毒)감을 견디지 못하는 사람들에게 쉽게 모든 것을 열어 놓으면 그 독에 영향을 받을 수 있다. 고독(苦毒)에 내성이 생기지 않아 쉽게 상처를 받게 된다. 책을 읽어야 하는 이유가 여기에 있다. 고독(苦毒)을 고독(高讀)으로 승화하면 우리는 고독(苦毒)함을 이길 수 있다. 고독(苦毒)함은 고독(高讀)하기 좋은 환경이다. 누구에게도 방해

받지 않고 읽어 나갈 수 있다. 이 시대에 사람들이 고독(苦毒)을 두려워하는 것은 고독(苦毒)을 이기는 방법을 모르기 때문이다. 고독(苦毒)을 이기는 방법은 고독(高讀)해지는 것이다. 독서만이 고독(苦毒)한 현시대를 이길 수 있는 힘을 준다.

　다산 정약용 선생님은 스스로를 폐족이라고 불렀다. 마지막 강진에서의 귀향은 모든 것을 단절시켜 고독(苦毒)하게 만들었다. 아들의 죽음마저 지켜보지 못하는 고독(苦毒)함을 경험하는 시기였다. 아무도 찾아 주지 않던 그 고독(苦毒)함의 현장에서 정약용 선생은 고독(高讀)만이 폐족에서 스스로 벗어나는 길임을 가르쳐 주었다. 고독(苦毒)은 고독(高讀)하기에 좋은 환경이다. 고독(高讀)을 하면 스스로의 고독(苦毒)에서 벗어날 수 있다. 오히려 우리를 성장시키고 새롭게 하는 데 이렇게 좋은 환경은 없다. 스스로 고독(高讀)해지기로 결정하려면 고독해져야 한다. 고독(苦毒)의 시간이 밀려왔다. 우리는 선택해야 한다. 고독(苦毒)해질 것인지? 아니면 고독(高讀)해질 것인지?

독서는 쉼(숨)의 공간을 만들어 준다

독서는 쉼을 준다. 독서는 영혼에 안식을 준다. 독서에서 쉼을 얻지 못한다면 자신의 독서를 되돌아봐야 한다. 독서는 크게 숨을 쉴 수 있는 공간을 만들어 주고 저자에게 기댈 수 있는 여유를 만들어 준다. 독서를 하지 못하는 사람들의 대다수의 평계는 '바쁘다'와 '시간이 없다'는 이유다. 바쁜 일상에 지쳐 있는 현대인들에게 책을 읽는다는 것은 한가함으로 인식된다. 3천 권의 책을 읽고 하루에 한 권의 책을 읽는다고 하면 대부분 의심의 눈초리로 바라본다. 그리고 스스로를 합리화하면서 "목사님은 시간이 많으신가 봐요?"라는 터무니없는 질문을 한다. 목사만큼 바쁘고 시간 내기 어려운 직업군이 있을까? 특별히 개척교회 목사라면 더더욱 그렇다. 한 주 최소 8번의 설교와 각종 모임, 교회의 여러 가지 행정업무까지 모든 일을 해야 하는 것이 개척교회 목사의 숙명이다. 나도 여느 직장인만큼 바쁘다. 정신없이 바쁘고 눈코 뜰 새 없이 바쁘다. 이렇게 스스로가 바쁜 것이 좋은 사람이라고 인식되는 시대에 책을 읽을 수 있다는 것은 여유로움, 한가함,

혹은 게으름으로까지 인식되게 되었다. 그렇기에 더욱더 우리 영혼에 안식이 필요한 만큼 독서가 필요하다. 독서하지 않는 것은 영혼을 쓰레기장에 방치하는 것이다. 독서하지 않는 것은 내 영혼을 도적질하는 사단에게 문을 열어 주고 키를 주는 것과 같다.

독서는 최고의 휴식처와 최고의 안식처를 만들어 준다. 독서의 자리가 넓어지고 깊어지는 만큼 우리의 영혼의 안식처와 휴식처는 쉴 만한 공간이 된다. 이런 공간이 마련되어야 그곳에서 삶이 시작되고 생의 의지가 살아난다.

퀘렌시아와 샹그릴라

생과 사의 갈림길에 있는 투우장에서 투우사와 황소는 단 몇 초의 선택에 의해 생과 사의 길이 나뉜다. 투우장의 황소는 극도의 흥분된 상태로 투우사에게 돌진한다. 노련한 투우사는 황소가 돌진해 오는 동선을 미리 파악하여 자신이 움직여야 하는 길을 미리 결정한다. 황소의 동선을 파악하지 못하면 투우사의 운명도 장담할 수 없다. 투우사는 빨리 황소의 동선을 파악하는 것이 중요하다. 황소가 돌진해 오려고 쉬는 장소, 숨을 고르고 힘을 모으기 위해 잠시 쉬는 장소를 파악해야 한다. 생과 사의 갈림길에서 사투를 벌이는 황소는 투우사를 공격하기 위해 자신의 모든 영혼의 힘까지 끌어모아 투우사에게 돌진한다. 그렇게 마지막 사력을 다하며 잠시 숨을 고르는 안식처가 퀘렌시아(Querencia)다.

퀘렌시아는 물리적인 공간이 아니다. 퀘렌시아는 투우장에 들어와 숨을 고르고 마지막이 될지 모르는 운명의 순간 황소가 안식하며 영혼을 재충전하는 장소다. 퀘렌시아에 들어서면 황소는 지금까지 숨겨 왔던 자신의 모든 에너지를 단숨에 재충전하고 투우사에게 달려든다. 이때 황소를 막지 못하면 투우사의 목숨도 위태로워진다. 노련한 투우사일수록 황소가 정해 놓은 퀘렌시아를 빨리 발견한다. 투우장에서 황소가 퀘렌시아에 들어가지 못하도록 하는 것이 승과 패를 결정하는 가장 중요한 기술이다.

그래서 스페인어인 퀘렌시아는 영혼의 안식처 혹은 영혼의 피난처라고 불린다. 유일하게 죽음의 생과 사의 길에 놓여 있는 투우와 투우사만이 퀘렌시아를 발견할 수 있다. 이 장소는 경이롭고 신비한 장소이며 영혼 깊숙한 곳에서부터 안식과 쉼을 주는 곳이다.

티베트 사람들은 세상 인간들의 고민거리와 걱정거리가 전혀 없는 안식의 장소를 샹그릴라(Shangri-La)라고 부른다. 티베트 언어로 '마음속의 해와 달'이라는 뜻이다. 이 장소는 실제로 중국 윈난성 디칭장족 자치주에 위치한 현의 이름이기도 하다. 하지만 티베트인들에게

샹그릴라는 쿤룬산맥 서쪽 끝자락 어딘가 위치해 있는 영적인 공간
이다.

샹그릴라는 1933년 영국의 작가 제임스 힐튼이 쓴『잃어버린 지평
선(Lost Horizon)』에 등장하면서 세상에 알려진 장소다. 중국과 티베
트 국경에서도 가장 오지와 험지로 알려진 지형 어디쯤 끝자락에 샹
그릴라가 위치해 있다. 실제로 존재는 하는 곳인지, 그곳이 정확하게
어디라고 확실하게 알려 주는 사람도 아직 존재하지 않는 미지의 세
계다. 많은 티베트의 고승들과 순례객들이 지금도 샹그릴라를 찾아
순례의 여정을 한다. 물리적인 샹그릴라를 만나지 못했더라도 많은
사람들은 영혼의 안식처인 샹그릴라를 찾았다고 말한다.

현대인에게 퀘렌시아나 샹그릴라 같은 마음의 안식처, 육체의 휴식
공간이 필요하다. 일상의 삶을 바쁘게 살아오던 현대인들이 코로나 사
태로 집에 머물러 있어야 하는 시간이 많아졌다. 아이들은 학교에 가
지 못하고 집에 머물러 수업을 들어야 하는 일이 발생했다. 코로나 기
간 동안 이혼률 증가, 가정 폭력 증가, 살인 및 폭행과 같은 중대 범죄
가 증가했다는 기사들이 여기저기에서 나오고 있다. 삶의 가장 치열한
전쟁터 같은 직장에서, 경쟁의 삶으로 내몰리는 학교에서 돌아와 우리
에게 가장 쉼과 안식과 평안을 제공해 줘야 할 가정이 더 이상 마음의
안식처와 육체의 휴식 공간이 되지 못했음을 보여 준다. 모든 사람들
에게 퀘렌시아가 필요하다. 모든 사람들에게 샹그릴라가 필요하다.

제1부_새로운 미래 혁명, 읽기의 힘

학교가 끝나고 돌아오는 길에 조그마한 원두막이 있었다. 전형적인 농촌 시골에서 자랐기에 원두막은 흔한 것이었다. 그 원두막은 수박을, 참외를, 포도를 지키기 위한 작은 초소와 같은 것이었지만 때로는 마을 어른들이 모여 막걸리를 마시는 장소이며, 아이들이 술래잡기를 하고 지나던 아낙들이 모여 수다를 떨던 장소이기도 했다. 나도 개울가 곁 바람이 시원하게 들이치는 집 앞의 원두막을 좋아했다.

누구에게나 열린 공간이었고 모든 이들이 부담없이 들러 쉴 수 있는 공간이었다. 읍내 장을 보고 돌아오시는 부모님을 기다리는 장소였고, 학교에 가기 위해 이른 아침 이웃한 친구들을 기다리는 장소였다. 학교를 파하고 돌아오는 길에 친구들과 자연스럽게 만나는 장소였고 그곳에 가방이며 옷가지를 모두 벗어 놓고 물놀이를 하던 공간과 장소이기도 했다. 부모님께 혼이 나면 훌쩍거리며 속상한 마음을 달래던 곳이 바로 그 조그마한 원두막이었다.

현대인들에게 안식처가 각각의 모든 장소에 필요한 것은 아니다. 하지만 우리에게 퀘렌시아나 샹그릴라 같은 쉼과 안식을 주는 곳은 필요하다. 어느 곳 한 곳이라도 외부의 스트레스와 어려움으로부터 자유롭고 안식하며 위안을 주는 곳이 필요하다. 마음속의 퀘렌시아였고 샹그릴라였던 한국 고향 시골의 원두막처럼 생활 반경에서 너무 떨어져 있으면 찾아갈 수 없기에 마음을 붙이고 살아가는 미국 땅에도 마음속의 원두막 한두 곳쯤은 마련해 두는 것이 필요하다. 너무

천년의 지혜 독서멘토링

가까워도 식상하기 쉽고 너무 멀어도 접근성이 떨어진다. 나만 알고 있는 은밀한 장소라면 금상첨화겠지만 가장 친근한 누군가와 공유할 수 있는 공간 정도만 되어도 좋다.

서로 죽기 살기로 싸우는 치열한 생존의 현장에서 적과 동침하며 살아 내야만 하는 현대인의 일상에서 영혼의 안식처가 없다면 힘겨운 삶이다.

투우장에 가지 않아도 티베트의 고원에 등반하지 않아도 일상의 삶의 장소를 퀘렌시아와 샹그릴라로 만드는 노력이 필요하다. 매일 지지고 볶아 대는 가정의 일상에서도 나만의 퀘렌시아와 샹그릴라를 만드는 노력이 필요하다. 이제는 그 의미를 조금은 알 만하다. 시어머니와 시할머니까지 모시고 살았던 엄마는 뒤꼍 불을 지피는 아궁이에 가면 가장 마음이 편하다고 하셨다. 3대가 모여 살던 시골의 기와집 사랑채로 쓰던 방을 따뜻하게 하기 위해 불을 지피던 아궁이는 숨바꼭질을 할 때 우리 형제들이 종종 이용하던 장소다. 누가 생각해도 숨기 좋고 다른 이들의 왕래가 없던 장소였다. 엄마는 종종 그곳에 가서 불을 지펴야 할 일이 생기면 그곳이 가장 마음 편한 곳이라고 하셨다. 시어머니와 시할머니를 모시고 시집살이를 하셔야 했던 엄마에게 마음의 퀘렌시아와 샹그릴라는 뒷마당의 아궁이였다.

출근을 위해 만원 버스를 타고 지하철을 타고 다니던 한국에서의 일상에서 만원 버스 맨 뒤쪽 끝 좌석과 버스 공간을 분리해 주는 손잡이가 있던 그곳에 서면 마음이 편해지기 시작했다. 출근 지하철을 타고 일터로 향할 때도 출입문 계단이 바로 나오는 지하철의 출입구 손잡이 부분에 서면 지옥철 안에서도 마음의 평안이 있었다. 목회를 하고 있는 미국의 삶 속에서 목회의 스트레스와 어려움이 닥쳐오면 가끔 물멍(물을 바라보며 멍을 때리는 일)을 하던 산타모니카 해변이나 집 앞 오래된 목조 건물의 스타벅스의 구석자리도 나에게는 퀘렌시아와 샹그릴라였다.

이민자들은 모두 고향을 마음에 품고 산다. 미국에 적응하며 살아가지만 마음에 품고 사는 고향에 대한 그리움과 향수가 있다. 지친 이민 사회에서 영혼의 쉼을 위해 고향을 찾아가고 방문하는 것이 쉬울 수 없기에 이민자의 마음에 아픔과 고통을 해결해 줄 만한 우리의 퀘렌시아와 샹그릴라가 필요하다. 코로나 팬데믹 이후 한동안 일상의 삶과 일상에서 누리던 삶의 자리를 잃게 되었다. 일터와 학교와 공원과 해변가, 산책로, 여행지가 폐쇄되고 집에 머무는 시간이 늘어나면서 일상에서 만났던 열린 공간이 얼마나 중요한가를 다시 한번 경험하게 되었다.

"일터가 그립네요. 일을 하다 중간 휴식시간에 휴게실에서 함께 나누던 커피가 이렇게 그리울 수가 없습니다."

천년의 지혜 독서멘토링

"학교를 갈 때는 학교 가는 게 힘들었는데 지금은 다시 학교
로 돌아가고 싶어요."
"교회도 갈 수 없고 친구들도 만날 수 없어 힘들어요."

일상에서 누렸던 삶의 자리가 때로는 힘든 자리였지만 우리 영혼에
삶의 안식과 쉼을 제공하는 곳이었음을 이제 실감하며 살아가고 있
다. 이제 일상의 삶의 회복되고 있는 시간 속에서 누군가에게 퀘렌시
아였을, 또 누군가에겐 샹그릴라였을 우리의 일상이, 평범한 열린 공
간이 회복될 수 있기를 기대한다.

류시아 작가의 『새는 날아가면서 뒤돌아보지 않는다』에서는 퀘렌
시아를 회복의 장소로 묘사하고 있다. (더숲, 2017, 12페이지) 이곳은
세상의 모든 위험으로부터 자신이 안전하다고 느끼는 공간이며, 힘들
고 지칠 때 다시 기운을 얻을 수 있는 곳이다. 또한 본연의 자기 자신
에 가장 가까워질 수 있는 장소로 설명된다. 예를 들어, 산양이나 순
록이 두려움 없이 풀을 뜯는 비밀의 장소, 독수리가 마음 놓고 둥지를
트는 거처, 곤충이 비를 피하기 위해 숨는 나뭇잎 뒷면, 그리고 땅두
더지가 몸을 숨기는 굴과 같은 곳들이 모두 이러한 퀘렌시아에 해당
한다. 이처럼, 류시아 작가는 우리에게 퀘렌시아가 주는 안식과 회복
의 중요성을 강조하고 있다.

독서는 영적인 퀘렌시아와 샹그릴라를 제공해 준다. 독서는 영적인 공간을 창조해 준다. 그곳에 예배의 장소인 교회가 세워질 때 교회는 진정한 쉼과 안식의 장소가 된다.

1719년 다니엘 디포는 『로빈슨 크루소』를 발표했다. 브라질의 농장에서 일을 하며 살아가던 로빈슨은 어느 날 노예상선에 올라타게 된다. 하지만 이 배는 얼마 가지 않아 파선하게 되고 엔틸리스 제도의 한 무인도에서 28년 2개월을 살게 된다. 무인도로 소개되었지만 그곳에서 그는 원주민을 만나고 그에게 복음을 전한다. 로빈슨 크루소는 그곳에서 자신의 기독교 신앙을 위해 성경을 읽고 삶을 위해 노동을 했다. 로빈슨 크루소의 노동은 잃어버린 에덴에서 누리는 삶의 모습과도 너무나 흡사하다. 그곳 무인도에서 로빈슨 크루소는 비로소 자신의 내면을 돌보는 침묵이 시작된다. 정신없던 삶에서 자신을 돌아보는 내적 성숙의 시간을 시작한다. 여유로움의 진수를 경험하게 되고 자신 스스로가 에덴의 질서를 찾아가는 성경의 삶을 실천하게 되는 진정한 삶이 시작된다. 사람이 전혀 없는 무인도에서 비로소 사람의 진정한 삶이 무엇인지 알아 가는 진정한 사람의 삶이 시작된다. 인간이 인간을 노예로 삼아 사람들 속에 살아가던 그곳은 진정한 의미에서 사람들이 거주하는 삶의 장소가 아니었다. 비록 무인도였지만 진정한 자아를 찾아냈던 무인도는 진정한 의미에서 무인도가 아니었다.

교회는 예배의 장소다. 교회가 예배의 장소라는 것은 물리적인 장소로서의 의미다. 설교가 전달되고 찬양이 있고 종교적인 행위가 일어나는 장소다. 그런데 교회가 폐쇄되고 보니 단순히 물리적인 장소로서의 역할보다 더 중요한 역할이 교회의 기능임을 알았다. 교회는 결국 회복의 장소다. 내가 기도할 수 있는 곳, 하나님의 말씀이 선포되는 곳, 잃어버린 하나님과의 관계와 친밀함을 다시 회복하는 곳이었다. 우리가 예배의 장소를 만들고 세워 왔다고 생각했는데 교회가 우리의 일상을 지켰고 세워 왔다는 것을 알았다. 교회가 물리적인 장소로서 안식과 쉼을 제공하는 영적 기능을 제공했듯이 물리적인 활자로의 글자가 우리의 영혼에 관계될 때 영혼의 쉼과 안식을 제공하는 영적 공간이 된다.

잊고 있었던 우리 영혼의 안식처 공동체의 회복의 장소, 나의 본질을 지켜 주었던 영혼의 안식처 교회를 회복하고 그곳으로 우리는 돌아왔다. 마찬가지로 건강한 영혼을 창조하고 영혼의 쉼을 지속하기 위해 독서해야 한다. 3천 독서의 자리는 최고의 안식과 휴식을 준다.

독서만이 우리가 가야 할 안식처로 가는 길을 알려 준다. 진정한 안식과 쉼을 제공해 준다.

안식은 쉼이다. 쉼은 숨을 쉴 수 있도록 해 주는 것이다. 안식을 잃어버리면 숨조차 쉴 수 없다. 숨죽이며 살아야 한다. 숨통을 조여 온다. 숨 가빠진다. 숨구멍조차 막혀 버린다. 안식은 숨통을 열어 주는 것이다. 안식은 숨 쉴 공간을 마련해 주는 것이다. 독서는 막혀 있는 숨통을 열어 주는 것이다. 독서는 막혀 있는 숨길을 틔워 주는 것이며 숨 쉴 공간을 제공해 준다.

5월 25일 2020년 미국 미네소타주 미니애폴리스라는 마을에서 조지 레리 플로이드라는 흑인이 경찰에 체포되었다. 미니애폴리스 경찰 데릭 쇼빈이 작성한 문건에 따르면 무려 8분 46초간 플로이드의 목을 무릎으로 압박했고 이 중 2분 53초간 플로이드는 숨을 쉬지 못했다. 이 사건은 지나던 행인에 의해 동영상이 촬영되었고 "I can't breath (숨을 쉴 수 없어)"라는 플로이드의 반복된 외침이 계속되었다. 순식간에 이 동영상은 미국뿐만 아니라 전 세계에 충격을 주었다. 숨을 쉴 수 없다는 것은 쉼을 빼앗긴 것이다. 안식을 빼앗긴 것이다.

미국 대통령 선거가 진행 중이던 때에 이 사건은 미국 전역에 시위로 번지게 되었다. 특히 코리아 타운이 위치한 LA와 인근의 많은 한인 거주 지역의 한인들은 긴장하기 시작했다. 이미 한차례 한인 폭동을 경험했던지라 코리아 타운과 인근 한인 거주 지역이 긴장하기 시작했다. 예상대로 폭동이 일어났다. 코리아 타운과 가까운 지역에서 약탈과 방화가 시작되었고 한인들은 이런 상황을 숨죽이며 바라볼 수밖에 없었다.

우리 가족이 거주하는 렌초 쿠카몽가 지역은 백인 거주 지역이었지만 유색 인종인 한인들과 아시안인들은 숨죽이며 이 상황을 지켜봐야 했다. 모든 상점은 오후 5시에 폐쇄되었고 집 안에 머물러야 하는 말도 안 되는 상황이 계속되었다. 안식을 잃어버린 것이다. 숨죽이며 살아가야 하는 상황이 되었다. 숨통이 막히는 상황이 되었다. 숨 쉴 공간조차 잃어 버린 상황이었다. 숨을 쉴 수 없다고 외치던 조지 플로이드의 상황은 단지 흑인들만의 외침이 아니었다. 지금도 숨조차 쉬기 어려운 상황과 환경에 직면한 사람들이 있다. 이들에게 가장 필요한 것은 숨을 쉬게 하는 것이다. 책은 막혀 있던 숨통에 새로운 숨 쉴 재료를 제공해 준다. 살아 내고 버틸 수 있는 새로운 숨길을 제공하는 것이 책이다.

요셉을 알지 못했던 왕이 등장하자 이스라엘 백성들의 숨통을 조여 오기 시작했다. 고센 땅에서 안식하며 살아왔던 이스라엘의 삶에 안식을 빼앗기는 삶이 시작되었다. 노역에 시달리고, 일은 점점 가중되어 숨이 턱까지 차오르는 고난과 고통이 계속되었다. 숨 쉴 틈을 주지 않는 것이 바로(세상)의 문화다. 세상은 계속해서 사람들의 숨통을 조여 오는 방식으로 모든 것을 통제한다. 숨 쉴 틈조차 주지 않던 애굽은 결국 장자들의 숨을 나일강에 던지는 것으로 안식이 훼손된다.

모세는 태어나자마자 숨 쉴 권리마저 빼앗겨 버렸다. 그래서 쉼은 숨이다. 그래서 안식은 쉼이며 숨이다. 출애굽은 최소한의 숨을 쉬겠다는 저항이며 권리다. 결국 이스라엘에게 안식을 준 것은 그들이 안식일을 지켰기 때문이 아니라 안식일이 존재했기에 안식할 수 있었다. I can't breath. 숨을 쉴 수 없다는 외침이 곳곳에서 들려온다. 코로나 바이러스 사태도 우리가 마음껏 숨 쉬는 삶을 마비시켰다. 숨을 통해 바이러스가 유입되고 전파되었다. 마음껏 숨 쉴 수 있다는 것이 얼마나 큰 축복인지 우리는 미처 알지 못했다.

책이라는 것이 내가 딱 살아온 만큼 읽히고 내가 숨 쉴 수 있는 만큼만 숨 쉬게 해 준다. 내가 숨 쉴 수 있는 만큼만 내 안에 담을 수 있다는 말이다. 처음 스킨스쿠버 다이빙을 시작했을 때 내가 숨을 참을 수 있는 시간은 1분은 넘지 못했다.

그런데 1년 6개월 후 2분 30초를 견딜 수 있게 되었다. 훈련으로 담아내고 참아 낼 수 있는 숨의 양이 점점 늘어났다. 폐가 견뎌 내고 담을 수 있는 양이 향상된 것이다. 뇌가 산소 없이 견딜 수 있는 능력도 향상되고 몸의 근육도 산소 공급 없이 견뎌 낼 수 있는 능력치가 향상되었다.

마찬가지로 훈련과 연습을 통해서 우리가 담아낼 수 있는 지성의 폐활량도 향상시킬 수 있다. 지성을 담아낼 수 있는 그릇이 커지면 숨을 쉬는 공간과 참아 낼 수 있는 능력이 향상된다. 지성의 폐활량이 커지면 문제를 만났을 때도 쉽게 숨 고르기를 할 수 있고 문제 때문에 숨통이 막혀 숨을 쉬지 못하는 어려움을 견뎌 낼 수 있다. 독서는 우리가 담아 낼 수 있는 지적 용량을 향상시켜 준다. 두 개의 심장을 만들어 주기도 하며 물속에서 산소 공급 없이 5분 이상 견딜 수 있는 튼튼한 산소 탱크 같은 폐활량을 선물해 준다.

숨길을 열어 주는 것이 책이다. 3천 독서를 통해서 숨구멍이 열리는 것을 경험했다. 그 숨구멍은 숨을 쉬게 할 뿐만 아니라 숨을 견디게 한다. 숨을 크게 한번 쉬어 보자. 우리의 몸안에 마음껏 숨을 쉴 수 있는 산소를 공급해 주자. 독서를 해야 하는 이유다.

제1부_새로운 미래 혁명, 읽기의 힘

세상은 이미 속도 전쟁을 치르고 있다.

빛은 진공에서 초당 299,792,458미터(186,282마일)의 속도로 이동하는 전자기파다. 자연계에서 알려진 가장 빠른 물체다.

인간이 만든 가장 빠른 물체는 2018년에 발사된 Parker Solar Probe로, 태양 주위를 초당 430,000마일(시속 692,000km)의 속도로 이동한다.

가장 빠른 동물은 시속 75마일(시속 121km)까지 달릴 수 있는 치타다.

가장 빠른 자동차는 2017년 Bugatti Chiron Super Sport 300+로, 시속 304.77마일(시속 490.48km)의 속도를 기록했다.

가장 빠른 비행기는 2004년에 비행한 러시아의 Tupolev Tu-144로, 시속 2,193마일(시속 3,529km)의 속도를 기록했다.

가장 빠른 열차는 2015년에 중국에서 시험 운행된 CRH380A로, 시속 267.85마일(시속 431.01km)의 속도를 기록했다.

가장 빠른 인간은 2009년에 100m를 9.58초 만에 달린 우사인 볼트다.

속도는 능력이다. 속도는 부와 권력과 힘을 제공한다. 속도가 지배하는 세상이 되었다. 대한민국의 인터넷 속도는 1999년 디지털 가입자회선(ADSL)이 상용화된 이후 2018년 10기가 인터넷 서비스가 상용화되기까지 20년간 약 1,200배 이상 빨라졌다. 1999년 4월 ADSL 기술로 구축된 초고속 인터넷 서비스가 상용화되었을 때 속도는 8Mbps였다. 당시에는 전화선을 이용한 인터넷 서비스였다.

그 이후 20Mbps급 상용화 서비스에 성공하고 그 이후 2007년 100Mbps급을 성공하면서 IPTV 등 혁신적인 서비스의 등장 기반을 조성할 수 있었다. 인터넷 속도는 가공할 만큼의 속도 경쟁을 통해 약 7년 후인 2014년 최고속도 1Gbps에 성공하여 기가 인터넷 시장이 본격적으로 열리게 되었다. 그 후 4년 만에 10Gbps에 성공해 앞으로 25Gbps, 50Gbps 시대를 눈앞에 두고 있다.

한국의 인터넷 속도 수준은 광대역 부분에서 세계 1위 모바일 부분에서는 상위권에 올라 있으며 이동통신망을 비롯한 인터넷 IT 관련 인프라는 세계 최상을 자랑한다.

2021년 9월 28일 북한은 새로운 탄도 미사일을 발사했다. 지금까지 북한이 미사일 발사로 도발해 오던 전례가 있기에 대수롭지 않게 생각하고 넘어갈 수 있지만 이번 발사는 경각심을 가져야 한다. 이번 탄

제1부_새로운 미래 혁명, 읽기의 힘

도 미사일은 예전의 미사일과 다른 극초음속 미사일 실험으로 알려졌기 때문이다. 극초음속 미사일의 비행 속도는 마하 5(시속 6,120킬로미터) 이상을 의미한다. 미국과 러시아 중국이 보유하고 있는 탄도 미사일은 대부분 극초음속 미사일이다. 특히 중장거리 탄도 미사일의 핵탄두는 대기권을 진입하는 순간 마하 15 이상의 속도로 비행하는 것으로 알려져 있다.

탄도 미사일이 초음속 비행을 한다는 것은 단순히 빠르게 비행한다는 것만을 의미하지 않는다. 극초음속 비행 시 발생하는 마찰열이 섭씨 3,000도 이상이 된다는 것을 감안하면 엄청난 열에도 견디는 복합 소재 능력이 있어야 한다. 또한 엄청난 가속력을 낼 수 있는 연료 역시 대단히 중요하다. 연료를 최적화하여 로켓이 추진력을 지속하도록 하는 기술은 아직도 세계 군사 선진국만이 보유하고 있는 국가적 기밀 중의 기밀이다. 결국 초음속 비행체를 만드는 것은 권력이며 능력이다. 지금 미국과 러시아 중국은 초초음속 탄도 미사일 개발에 박차를 가하고 있다. 초초음속 비행체 개발을 통해 얻어지는 경제적 효과가 다른 산업 발전에 미치는 영향이 어마어마하기 때문이다.

자동차가 처음 등장했을 때 사람들은 자동차를 외면했다. 이유는 마차보다 속도가 느리다는 이유였다. 1807년 8월 17일 Robert Fulton의 최초의 미국 증기선인 Clermont가 뉴욕시를 떠나 Albany로 이동하여 세계 최초의 상업용 증기선 서비스를 제공하였다. 이 배는 평균 시속 5마일의 속도였다. 150마일을 가는 데 무려 32시간이 넘게 걸리는 증기선이었다. 사람들이 증기선을 외면할 수밖에 없었다. 하지만 증기선과 자동차의 속도는 상상을 초월할 만큼 빠른 속도로 진화하게 된다. 시속 10마일을 넘지 못했던 증기 기관차도 발전에 발전을 더해 마차보다 느린 고철 덩어리라는 오명에서 벗어난 지 이미 오래전 이야기가 되었다. 1825년 개통된 G. 스티븐슨 로커모션 기관차가 20km/h의 속도로 시작하여 이후 1893년 시속 160km/h의 속도로 발전하게 된다. 현재 열차의 속도는 통상 200km/h를 기준으로 초고속 열차와 보통 속도의 열차로 구분을 한다. 한국의 KTX는 운행 속도 305km/h로 세계 2위 수준의 속도를 자랑한다. 세계에서 가장 빠른 기차로 알려진 TGV는 세계 최고 기록으로 575km/h의 속도를 돌파하여 시속 600km/h까지 얼마 남지 않았다. 한국도 400km/h의 속도에 성공하여 곧 상업화될 수 있는 속도의 최정상 국가에 속해 있다.

2003년 에어프랑스와 영국 항공이 퇴출하여 사실상 항공 시장에서 사라졌던 콩코드 여객기를 미국 유나이티드 항공이 15대를 구입하면서 2029년 초음속 항공기 시대를 열겠다고 공언했다. 고도 6만 피트에서 1060km/h 이상으로 비행하는 것을 목표로 하고 있는 초고속 항공 여행은 마하 2에 근접한 속도를 예상하고 있다. 이런 속도라면 지금 7시간 가량 걸리던 런던과 뉴욕과의 비행 시간을 3시간 30분대로 단축할 수 있는 속도다.

제1부_새로운 미래 혁명, 읽기의 힘

엄청난 속도로 비행할 때 생기는 소닉붐 현상과 함께 대단히 많은 연료가 필요한 문제, 특히 대기에 영향을 미쳐 민간인을 수송하는 데 부적절하다고 퇴출되었던 초음속 비행기가 새롭게 등장하는 것은 속도가 주는 능력을 배제할 수 없기 때문이다.

속도 전쟁은 한국인의 기질(빨리빨리)과 묘하게 합을 이루면서 현시대를 살아가는 모든 사람들이 속도전에 동참하도록 부추기고 있다. 아마존의 프라임 서비스를 통한 하루 배송서비스, 예전 한국의 총알 택시 경쟁에서부터 한국의 택배회사들의 전쟁, 야식 배달 서비스 전쟁, 로켓 배송도 느리다며 15분 배달을 목표로 내건 쿠팡의 퀵커머스는 선택이 아닌 생존을 위한 필수가 되었다. 인터넷 서점인 인터파크도 하루 배송을 선언했다. 이제는 하루에 배송을 받을 수 있는 시대가 왔다. 속도는 서비스 차원을 넘어서 생존이 되었고, 권력이 되었고, 부를 창출하는 능력이 되었다.

속도가 생존인 시대에 속도를 내려놓고 "조금도 바쁨도 없이 사는 삶을 목표로 삼아야 한다. 바쁘게 살지 않겠다는 분명한 의도를 품어야 한다"고 주장하는 사람이 있다. 존 마크 코머(John Mark Comer)는『슬로우 영성(The Ruthless Elimination of Hurry)』(두란노)이란 책을 통해 속도가 일상이 된 삶에서 속도를 내려놓고 우리의 영적인 삶을 돌아봐야 한다고 말한다. 그는 일상을 살아가는 현대인을 '속도감 있는 삶에 중독된 사람들'이라고 정의한다.

"잘 지내시죠?"라고 질문하면 대다수에 현대인들은 "네, 바쁘게 잘 지내고 있습니다"라고 말한다. 바쁘게 지내는 것이 잘 지내고 있는 것 이라는 등식이 성립되었다. 바쁘게, 속도감 있게 지내지 못하면 마치 잘 못 지내고 있는 것 같은 불안감이 현대인들을 지배한 지 오래되었 다. 그러나 단순히 바쁘게, 속도감 있게 살아간다는 것이 꼭 잘 살고 있는 것이란 보장은 없다.

한병철 교수는 『피로사회』에서 "단순한 분주함은 어떤 새로운 것도 낳지 못한다"고 지적했다. (문학과지성사, 2012, 32페이지) 속도 경쟁 에 중독된 우리의 일상이 속도감만 높인다고 모든 것이 효율적일 수 는 없다는 것을 인식해야 한다.

우린 바쁘다. 대학생들도 교회에 갈 시간이 없을 만큼 바쁘다. 아르 바이트도 해야 하고, 스펙도 쌓아야 하고, 영어 시험성적도 올려야 하 고, 공모전에 출품도 해야 하고, 회사에서 필요로 하는 선행적인 업무 도 익혀야 한다.

젊은 부모들도 바쁘다. 아이들도 돌봐야 하고, 주택 마련을 위해 하 나 이상의 부업과 직업을 가져야 한다. (N잡러가 되어야 한다) 주식시 장 동태도 살펴야 하고, 비트코인 시세도 시시때때로 챙겨야 하고 새로운 공모주 청약도 들여다봐야 한다. 한마디로 핸드폰을 손에서 내려놓고 살 수가 없다. 때때로 좋은 부동산이 나왔다고 하면 발품을 팔아서 현장 조사와 답사까지 해야 한다. 정말 바쁘다.

목사들도 바쁘기는 마찬가지다. 정말 바쁘다. 새벽예배 설교 준비, 금요예배, 주일예배, 적어도 한 주에 6번을 설교해야 한다. 설교 준비만으로도 너무 바쁘다. 거기에 일대일, 심방과 교회 행사, 이제는 교단의 일까지 해야 하는 상황이 되었다. 코로나 바이러스 사태 이후 온라인 예배와 영상 준비까지 속도를 내지 않으면 한 주간 사역을 다 준비하기도 벅차다.

교회 성장도 빨리빨리 해야 한다. 3년 안에 목표한 성도의 숫자를 채우고, 교회 건축을 해야 하고, 교회 재정도 확보해야 한다. 교회 성장이 느리면 목사로서 하나님의 은혜와 능력이 없는 것이라고 목사들 스스로 생각한다.

이렇게 속도감 있게 살고 있으니 "잘 지내시죠?" "네, 바쁘게 잘 지내고 있습니다"라는 말이 자연스럽다. 이런 삶은 속도감에 중독된 삶이라고 할 수 있다.

속도라는 것이 무조건 배척하고 나쁜 것은 아니어서 건강한 속도와 바쁨은 때때로 필요하다. 예수님께서도 사역의 현장 속에서 식사할 겨를조차 없으셨다. 예수님을 찾아오는 병자들과 상담자들 때문에 예수님은 저녁 늦게까지 귀신을 쫓아내고, 병을 고치시고, 안수하서야 했다. 그런데 참 이상한 것은 성경 어디에도 예수님처럼 바쁘게 지내라는 말씀이 없다는 것이다.

존 마크 코머는 『슬로우 영성』에서 "하나님은 사랑이시기에 천천히 걸으신다"고 말한다. 그는 사랑에는 내적이고 영적인 속도가 있으며, 이는 첨단 기술의 속도와는 다른 종류의 속도라고 설명한다. 이 속도는 느리지만 사랑의 속도이기에 다른 모든 속도를 추월한다고 강조한다. (두란노, 2021, 40페이지)

어쩌면 현시대를 살아가는 우리의 문화에서는 느리다고 하는 것이 경멸과 멸시의 표현으로 쓰이고 있다. 행동이 느리다, 말이 느리다, 두뇌 회전이 느리다, 서비스가 느리다, 드라마와 영화의 이야기 전개 속도가 느리다, 일처리가 느리다. 심지어 '느리다'는 '게으르다'와 동의어로 사전에서 쓰이고 있다. 정말 느린 것은 나쁘기만 한 것일까?

느려도 행복한 달팽이, 나무늘보, 거북이처럼 바쁨을 멈추고 속도를 늦추고 하나님의 속도에 우리의 삶의 속도를 맞춘다면 세상의 모든 속도보다 빠름이 아닐까?

독서만큼 속도가 필요 없는 행위도 없다. 물론 속독의 방법으로 책을 몇 분 만에 읽어 내려가는 능력을 자랑삼는 일도 있다. 하지만 책은 빨리 읽는 것만이 능사는 아니다. 밥을 빨리 먹는 것이 자랑거리는 아니다. 빨리 먹는 만큼 잘 소화해 내는 것이 먹는 것의 목적이다. 천천히 오래 씹으면 그만큼 소화하는 능력이 커진다. 천천히 꼭꼭 씹어 먹어 치우는 것이 능력이다. 빠른 것이 미덕인 시대에 천천히 속도에 맞추어 가기를 갈망하는 사람들이 있다. 얼마 전 한국 제주도에 흥미로운 한 교회가 눈에 띄었다.

"천천히교회."

천천히교회 홈페이지에는 교회를 이렇게 소개하고 있다.

더디더라도 꾸준하게
부족하지만 바르게
느리지만 함께하기 위해 의도적으로 천천히 걷는 교회입니다.

천천히교회에서 만든 놀이터는 거북이 놀이터다. 느려도 행복한 거북이는 세계에서 가장 장수하는 동물이다. 찰스 다윈이 갈라파고스에서 가져온 거북이가 얼마 전 자연 수명을 다했다. 천천히 가면 오래 갈 수 있고 함께 갈 수 있다.

독서야말로 더디더라도 꾸준함이 생명이다. 독서야 말로 느리더라도 바르게 해야 하는 것이 독서다. 느려도 모든 사람이 독서할 수 있다면 속도와 상관없이 독서가 주는 힘은 어마어마한 결과를 가져올 수 있다.

독서는 자신의 속도에 맞추어 책과 동행할 수 있다. 자신에게 미친 영감을 주는 구절이 있다면 그곳에 머물러도 된다. 머문 자리에서 아주 천천히 음미하며 한 걸음, 한 걸음만 내딛어도 괜찮다.

아주 빠른 속도로 읽어 내려가도 그 누구 하나 미친 속도에 제동을 걸 필요도 없다. 속독을 통해 책의 전체 줄거리를 빠르게 관통해도 책은 우리의 속도에 맞춰 자신의 것을 내어 준다. 느려도 좋다. 빨라도 좋다. 쉬어 가도 좋다. 책은 우리의 속도에 자신이 내어 줄 수 있는 것을 내어 준다. 나 자신에 가장 알맞은 속도를 맞추어 한 자, 한 자 동행하는 것이 독서다.

독서는 행복지수를 높여 준다

모든 사람들은 행복을 꿈꾼다. 행복해지는 것이 꿈이다. 행복한 삶을 꿈꾸며 저마다 살아간다. 행복은 저마다 각각의 정의를 가지고 있다. 행복은 순간적인 만족감일 수 있고 영원한 가치와 삶의 태도일 수 있다. 어디에 만족감을 두고 살아가는가에 따라 행복의 기준이 달라질 수 있다. 결국 행복은 순간의 느낌과 감정의 결과보다 삶의 가치와 태도에 따라 행복함을 느끼는 차이를 만들어 낸다.

그래서 행복지수가 절대적인 행복을 보장하지 않는다. 그러나 행복을 객관적으로 측정하기 위해 행복을 지수화하여 측정하기 시작했다. 행복지수가 절대적인 행복을 보장하진 않지만 지금 내가 느끼고 있는 행복함에 대한 설명 가능한 객관성을 보여 줄 수 있는 지표일 수 있다.

행복지수는 사람들이 자신의 삶에 얼마나 만족하는지 측정한 지표다. 종종 구매력 기준 GDP, 기대수명, 사회적 지원, 자유, 부패 척도

등 다양한 요소를 기준으로 계산된다. 행복지수는 정부가 국민의 삶의 질을 개선하기 위한 정책을 개발하는 데 사용할 수 있는 중요한 도구다. 또한 사람들이 자신의 삶을 개선할 수 있는 방법을 식별하는 데 도움이 된다.

행복지수의 측정은 몇 가지 예측 가능성을 우리에게 보여 준다.

행복지수는 국가의 성공을 측정하는 데 사용할 수 있고 정부가 국민의 삶의 질을 개선하기 위한 정책을 개발하는 데 도움이 된다.

또한 행복지수는 사람들의 삶의 질을 비교하는 데 사용할 수 있다. 무엇보다 사람들이 어떤 삶이 행복한 삶이라고 생각하는지 삶의 질을 추세를 추적하는 데 사용할 수 있다.

행복지수는 결코 완벽한 지표는 아니지만 사람들의 삶의 질을 측정하는 데 유용한 도구가 될 수 있다.

행복지수 공식 : 행복 = P+(5XE)+(3XH)

여기서 P는 Personal, 개인으로 인생관이나 사회 적응력과 같은 개인적 특성을 일컫는다. E는 Existence를 의미한다. 건강이나 금전과 같은 생존이 기본 요소를 가리키고 H는 Higher Order로 고차원의 개인의 자존심이나 야망 등과 같은 고차원적인 욕구를 나타낸다.

이 공식은 영국의 심리학자인 캐럴 로스웰과 인생 상담사인 피트 코언이 개발한 행복지수 공식이다. 이 공식을 풀기 위해서는 우선 4

가지 질문에 답을 해야 한다. 그 질문에 매우 그렇다는 10점부터 매우 그렇지 않다면 0점을 주면 된다. 물론 점수가 높을수록 당신의 행복 지수는 높은 것이다.

첫 번째 : 외향적이고 변화에 유연한가?

두 번째 : 우울하거나 가라앉은 기분으로부터 회복이 빠르고 스스로를 잘 통제한다고 생각하는가?

세 번째 : 건강, 돈, 안전, 자유 등의 조건에 만족하는가?

네 번째 : 자신의 일에 몰두하며 스스로의 기대치에 부응하고 자신이 설정한 목표를 위해 행동하는가?

2018년 영국의 BBC에 의뢰해 영국인들의 행복에 대한 설문을 통해 영국인들이 얼마나 행복한 생을 영위하고 있는가를 물었다. 이 지표 에서 영국은 108위로 행복지수가 매우 낮게 나와 영국 사회에 커다란 충격을 주었다. 이 조사에서 한국의 행복지수는 조사 대상국 178개 국 중에서 102번째였고 프랑스 128위, 미국은 150위로 나타났다. 행 복지수 1위국은 바누투아, 2위 콜롬비아, 3위 코스타리카, 부탄, 덴마 크, 스위스, 오스트리아가 비교적 높은 순위의 국가로 나타났다. 물론 이 지표는 상대적인 지표이며 절대적인 행복의 척도를 나타내는 것 은 아니다. 절대적인 수치로 행복의 척도를 결정할 수 없지만 경제적 으로 성공한 경제지표와 행복지수가 다를 수 있다는 것을 보여 준다.

상대적으로 경제지표가 낮은 방글라데시, 필리핀, 부탄, 인도네시아, 인도 같은 나라들은 행복지수 상위를 차지하고 있다는 점이 매우 흥미롭다.

조사 기간과 방법에 따라 차이가 존재하는 것이 현실이지만 대체적으로 유엔에서 인정하는 세계 행복지수 국가 순위에서 1위를 차지하는 나라는?

부탄이다.

부탄은 1972년 4대 국왕 때에 국민 총행복 정책을 실시한다. 이전 3대 국왕은 토지 개혁을 통해 농민들에게 모두 공평하게 토지를 분배했다. 이어 5대 국왕 지그메 케사르는 왕의 모든 권한을 내려놓고 행복 정책의 개념과 나아갈 방향을 헌법으로 명시했다. 부탄의 행복 정책은 성장을 위한 정책을 펼치지 않는다. 다만 행복을 위한 국가 발전을 모색하고 행복을 위한 국가 계획을 수립한다. 부탄의 행복 정책을 관장하는 행복청과 장관은 부탄 사람들의 행복을 위한 국가 정책을 최우선의 과제로 정하고 행복을 객관화하기 위한 계획을 매년 수립해 간다. 부탄이 추구하는 행복의 최대 조건은 개인의 행복뿐만 아니라 국가 공동체 전체가 행복해지기 위한 국가 전략을 수립한다는 점이다. 2015년 실시한 국민 총행복 정책에서 무려 75%의 국민이 경제적인 성취와 상관없이 행복한 삶을 영위하고 있다고 답변했다.

부탄의 국가정책으로 채택한 행복을 위한 기본권 정책은 다음과 같다.

첫 번째 : 지속 가능한 사회·경제적 발전

두 번째 : 전통 문화에 대한 자존감

세 번째 : 좋은 정치체계

네 번째 : 깨끗한 환경 정책(국토의 산림은 무조건 60% 이상을
   유지한다고 헌법에서 명시하고 있다)

부탄은 경제적으론 부요한 국가가 아니다. 사회 산업 기반도 일반 선진국과 비교하면 매우 열악한 상황이다. 국가가 보유한 자원도 많지 않다. 하지만 국민들이 느끼는 행복지수는 매우 높다. 전 국민이 느끼는 행복은 공히 세계 1위 국가에 해당한다.

부탄에 비해 대한민국은 경제적인 기적을 이루었다. 전 세계 GDP 순위 10위 안에 들어가는 경제 대국이 되었다. 하지만 대한민국 국민들은 행복하지 않다. 가장 큰 이유는 극심한 양극화로 인한 상대적인 박탈감이 가장 큰 원인이 되었다. 높은 학구열과 전 세계에서도 유례를 찾아볼 수 없는 낮은 문맹률, 대학 진학률, 국가 교육 시스템을 갖추었지만 행복하지 않다. 학생들의 자살률은 OECD 국가 중에서 상위를 차지하며 입시뿐만 아니라 심각한 구직난 또한 불행하다 느끼

는 사회 요인이기도 하다. 행복해지고 싶어 치열한 경쟁에 내몰리지만 그럴수록 더욱 불행해지는 사람들이 늘어나고 있다.

　미국 코넬 대학의 코머스 길로비치 교수는 올림픽에서 메달을 딴 선수들의 행복에 대한 연구를 통해 행복의 조건이 우수한 성적순에 있지 않다는 것을 보여 주었다. 코머스 길로비치 교수는 시상대에 오른 메달리스트들이 메달을 목에 거는 순간을 학생들에게 보여 주고 그들의 표정을 통해 얼마나 행복해하는가를 평가하도록 했다. 각각의 메달리스트들이 시상대에 오르면서 보여 준 표정 속에서 그들이 받은 행복지수는 금메달 10점 만점을 기준으로 은메달 4.8점, 동메달 7.1점이었다. 이런 연구는 미국 샌프란시스코 주립대의 데이비스 마쓰모토 교수에 의해 또 한 번 연구되었다. 2004년 아테네 올림픽에서 수상했던 메달리스트들을 연구한 결과 금메달리스트들은 시상대에서 미소를 지었고 동메달리스트들은 환호했지만 은메달리스트들은 매우 침통한 얼굴을 하고 있었다.

　은메달리스트들은 자신이 좀 더 잘했더라면 금메달을 목에 걸 수 있었을 것이라는 자책을 하고 금메달리스트들을 비교하며 행복하지 않았지만, 동메달리스트들은 메달을 땄다는 안도감과 만족감이 넘쳐 행복지수가 상대적으로 매우 높게 나타나는 결과를 가져왔다. 올림픽 메달리스트의 행복도 연구에 따르면 결국 행복은 자신이 얼마나 만족한 삶을 누리고 있는가가 행복도를 결정한다는 것을 보여 준다. 높은 경제적 성취, 학업 성취, 사회적 성취에도 불구하고 끊임없이 비교하며 상대적인 박탈감을 느끼는 삶은 행복지수가 매우 낮아져 불행해지는 것을 볼 수 있다.

행복지수가 매우 높은 나라 부탄도 최근 도전을 받고 있다. 2015년 이후 부탄의 인구는 70% 이상 도시로 집중하고 있다. 대부분의 편리한 산업 기반 시설이 도시를 중심으로 전개되면서 나타나는 도시화, 산업화의 전형적인 모습을 보여 주고 있다. 도시로 이주한 사람들은 상대적으로 경제적인 부를 이루었고 농촌의 농부들은 상대적인 박탈감을 느끼기 시작했다. 이런 부탄의 변화의 요인으로 가장 많이 지적을 받고 있는 것은 급속한 인터넷을 통한 세계화와 핸드폰 보급으로 인해 언제든지 세상의 정보와 변화를 민감하게 접속할 수 있게 된 점이다.

자신들이 지켜 온 행복한 삶이 화려해 보이는 산업화와 경제화에 비교되면서 부탄 국민들이 생각했던 행복의 기준들이 흔들리기 시작했다. 이런 상황이 개선되지 않으면 행복한 나라 부탄도 불행한 나라, 불행한 국민들의 숫자가 점점 더 많아질 것이라 예측된다. 결국 행복도 노력하고 가꾸지 않으면 영원히 보장되지 않는다는 것을 보여 준다.

교회에 가는 것만으로도 행복했던 때가 있다. 교회에 가면 설명하기 어렵지만 행복했다. 비록 교회 건물이 지어진 지 반세기도 넘어 이 곳저곳 곰팡이가 슬고 비가 새는 곳이 많았지만 교회에 가면 행복했다. 교회 선후배들과 교육관에 모여 선교사들이 사용하던 오래된 기타를 치며 찬양하고 배가 고프면 퉁퉁 불어터진 라면을 먹었지만 그것만으로도 행복했다. 교회에 가면 교회 누나들이 있었고 교회 형들이 있어 행복했다. 교회 누나들은 친절했고 교회 형들은 멋있었다. 교회를 생각하면 행복했다.

그렇게 행복했던 교회가 부흥하기 시작했다. 매주 새 가족이 몰려왔고 새 가족이 몰려오는 교회가 행복했다. 새 가족이 계속 교회로 유입되었고 교회는 더욱 편리한 시설들을 갖추어 나갔다. 그렇게 시설이 갖추어지고 크고 좋은 교회 건물에서 예배 드릴 수 있었던 시간도 행복했다. 오래된 작은 교회였을 때도 행복했고, 부흥하여 교회가 성장하던 때도 교회는 행복했다. 교회는 늘 행복했고 교회에 가면 늘 좋은 사람들이 그곳에 있어 행복했다.

그런데 이민 사회에 목회를 하고 있는 대다수의 목회자들은 행복하지 못하다. 주관적인 관점에 볼 때 그렇다는 것이다. 행복하지 못한 이유는 여러 가지다. 어려운 유학의 길에 올라 힘들게 공부하고 학위를 받았음에도 생각했던 것처럼 목회의 현장을 이끌지 못해 불행하다. 한국교회에서 만났던 행복했던 교회의 경험을 좀처럼 다시 경험하기 힘든 이민 목회 현장 때문에 불행하다. 최소한의 목회자에 대한 존중도 받지 못하는 목회 현장 때문에 불행한 목회자들이 많다.

제1부_새로운 미래 혁명, 읽기의 힘

많은 목회자들의 아내들 역시 행복한 마음으로 사역에 참여하지 못하고 있다. 정확한 통계와 의학계의 보고가 없지만 적지 않은 많은 목회자의 아내들이 우울증과 공황장애, 대인 기피증을 앓고 있다. 목회자의 아내가 행복하지 않으니 그 목회와 교회가 행복하지 못한 것은 당연하다.

목회자의 자녀들도 행복하지 못하다. 부모님이 목회자인 것이 축복과 은혜가 아니라 원망이 돼 버린 지 오래다. PK의 의미가 Problem Kid라고 불리는 것도 이상스럽지 않다. 목회자들의 자녀들이 부모들이 목회하는 교회에 출석하지 않는 자녀들의 비율도 점점 많아지고 있다. 심지어 교회를 떠나는 자녀들의 모습도 심심치 않게 볼 수 있다.

목회자와 목회자의 아내와 자녀들이 건강하지 못하니 그 교회와 사역이 건강하기 어렵다. 이런 악순환이 계속되니 교회의 행복지수는 상당히 낮다. 이번 코로나 사태가 지속되면서 많은 성도들이 자신이 출석하는 교회가 아닌 타 교회의 온라인 예배에 출석했다. 결국 대형교회들도 교회 출석과 온라인 접속자 수의 격차를 보며 교회의 현실을 직시하는 시간이 되었다. 상당수 많은 교회의 중직과 임직자들이 기회가 되면 교회를 떠나 만족스러운 교회로 갈 수 있다면 교회를 옮기겠다고 말한다.

2020년부터 3년간 코로나 바이러스 사태로 교회가 문을 스스로 걸어 잠가야 했다. 슬펐다. 텅 빈 교회의 빈자리와 더 이상 예배할 수 없는 공동체를 보며 지금까지 경험하지 못한 비통함을 경험했다. 다시 교회로 돌아와 공동체의 예배가 시작되었을 때 행복했다. 아직도 산적한 문제들을 해결할 방법들이 요원하지만 다시 예배하는 것만으로 행복했다.

2024년 행복한 교회와 공동체의 회복을 기대한다. 교회는 행복한 곳이다. 예수님의 임재가 있고 하나님의 영광이 임하는 곳은 행복하다. 여전히 행복할 수 없는 여러 가지 조건과 상황 속에도 교회는 행복하다. 그것만으로 교회의 존재 이유가 된다.

지금도 주변의 환경은 상당히 비관적이다. 하지만 비관주의자들은 모든 기회 속에서도 어려움을 찾고 행복한 낙관론자들은 극한의 환경 속에서도 기회를 찾아낸다. 2024년 교회의 최대 소망은 다시 행복한 공동체가 되는 것이다. 교회가 잃어버린 행복의 지수가 있다면 그것을 찾아 나서는 길을 시작하는 한 해의 소망을 기대한다.

이런 한 해의 소망과 기대를 채워 주는 것이 독서다. 독서하는 사람들의 행복지수는 매우 높다. UN의 산하기관인 지속가능 발전 해법 네트워크에서는 세계에서 행복지수가 높은 최강의 나라로 핀란드를 선정했다.

2020년 이후 세계에서 가장 행복한 나라 지수 3년 연속 최상위를 차지한 핀란드는 여러 가지 행복의 조건들을 보여 준다.

전통적으로 핀란드는 수려한 자연 경관으로 유명하다. 추운 날씨를 극복하며 자연과 살아가는 핀란드식 전통 사우나는 사람들의 긴장을 풀어 주고 행복한 감정을 조절해 주는 도파민이나 세로토닌과 같은 좋은 물질들을 분비해 주도록 도와준다. 또한 핀란드는 세계 최고의 독서 국가다. 핀란드는 매년마다 실시하는 세계 문장 독해력에서 국민 평균 1위를 기록했다. 이렇게 매년 문장 독해력 1위를 하는 이유는 국민 독서율과 공공 도서관 이용률을 보면 알 수 있다.

인구 550만의 국민에서 6,800만 권의 책이 대여되었다. 2018년 핀란드 독립 100주년을 기념해 헬싱키에 개관한 도서관 오디(Oodi)는 세계 최고의 도서관으로 선정되었다. 핀란드 국민들은 독서에서 삶의 행복을 찾아간다. 핀란드 국민들은 자신들이 누리는 행복이 독서의 힘이라고 말한다. 특히 핀란드 모든 국민들에게 사랑받는 캐릭터인 무민이 등장하는 동화책은 전 국민들에게 사랑받는 캐릭터일 뿐만 아니라 가장 사랑받는 책이기도 하다.

한상수 대표는 하루 10분 독서운동을 꾸준히 실천하며 사회적 기업인 행복한 아침독서를 운영하고 있다. 사회적 기업 행복한 아침독서는 정규직 고용, 야근 없는 직장, 8시간 내 유연근무시간 적용, 비수기 때 7시간 근무 적용 등 행복한 삶을 위해 실행하고 있다. 행복한 아침독서는 행복한 아침독서 운동을 17년간 시행해 오고 있다. 초·중·고를 대상으로 아침자습 시간 10분간 학생과 교사가 책을 읽

천년의 지혜 독서멘토링

는 시간을 갖고 책을 읽는다. 이 운동에 적극 참여하는 교사들과 학생들의 행복지수가 높아졌고 이 운동이 점점 더 확대돼 가고 있다. 행복한 독서를 위해 "모두 읽어요", "날마다 읽어요", "좋아하는 책을 읽어요", "그냥 읽기만 해도 좋아요"라는 원칙을 가지고 독서가 행복으로 가는 시작임을 보여 주고 있다.

독서는 우리의 행복지수를 높여 준다. 독서하는 사람들은 행복하다. 행복한 사람들이 독서를 하는 것인지, 독서가 행복한 삶을 만들어 주는 것인지 객관적인 연구와 사례가 더욱 필요한 것이 사실이다. 그러나 분명한 것은 독서하는 사람은 행복하다는 것이다.

살다 보면 머리 아픈 일이 많다. 머리에 꽂혀 골 때리게 만드는 일들이 심심치 않게 일어난다. 때론 마음을 움직이고 심장에 꽂혀 심장을 관통하게 한다. 심장을 관통하며 의미까지 남겨 놓으면 의미심장한 일로 남는다. 독서가 행복한 것은 머리를 때리는 골 때리는 일도 가슴으로 내려가 의미심장해지면 행복하게 만들어 준다.

이 말은 "시어머니가 아프면 머리가 아프고 친정 엄마가 아프면 심장이 아프다"는 말과 같은 의미다.

책이란 존재가 그렇다. 저자가 경험했던 골 때리던 일들이 의미를 부여하여 의미심장한 사건으로 변모시켜 독자들에게 행복한 삶을 전달하는 것이다.

3천 독서의 최대 결실은 독서가 주는 행복이다. 독서할 수 있는 모든 것이 행복하다. 택배로 책이 배달되는 시간, 책을 받아 보는 시간,

새로운 책을 전달되는 촉감, 모든 것이 행복이다. 3천 독서는 누구도 빼앗아 갈 수 없는 행복을 선물해 주었다.

이민자들의 삶은 치열하다. 서부에서 사업하시는 분들은 동부 시간에 맞추어 산다. 3시간 빨리 일어나 일을 시작한다. 이렇게 치열하게 살면서 기쁨을 빼앗기고 살아간다. 이들과 독서를 시작했다. 수월하지는 않았지만 독서가 주는 행복을 경험하시는 분들이 늘어 가고 있다.

책을 읽는 행복을 알면 절대 빼앗기지 않는다. 행복해지고 싶다면 읽어야 한다. 우리가 앞으로 살아갈 날이 100년이라 해도 그리 많이 남은 것이 아니다. 색다른 도전과 행복을 원한다면 읽어라.

천년의 지혜 독서멘토링

독서는 내가 서 있는 현 위치를 알려 준다

3천 권의 책을 읽은 것은 잘한 일이다. 아무리 생각해 봐도 잘한 일이다. 그렇다고 책을 읽은 것이 대단히 존경을 받을 만한 일이라고 추켜세우고 싶지 않다. 많은 변화가 있었지만 분명한 것은 책을 읽었다고 초일류 슈퍼맨이 되는 것은 아니다. 아무런 문제가 생기지 않는 것도 아니며 여전히 나는 작은 개척교회의 이름 없는 목사다. 책을 출판하려면 여기저기에서 퇴짜를 맞기 일쑤이고, 지금 원고를 쓰면서도 책으로 출판을 할 수 없을 것이라는 생각이 더 크다.

그런데도 책을 읽어야 할까? 정답은 '그렇다'이다.

내 나름대로 그 이유를 생각해 봤다. 한마디로 말하면 책을 읽어야 하는 이유는 책은 우리가 경험해 보지 못한 미지의 세계로 나를 이끈다는 것이다. 책을 통해서 세상 반대편의 세상을 볼 수 있고 사람들을 만난다. 새로운 경험과 시각을 준다. 들어 본 적도, 경험한 적도 없는 세상을 보게 한다. 하지만 이런 이유와 함께 책을 읽어야 하는 가장 큰 이유는 지금 내가 서 있는 위치를 가장 잘 알려 주기 때문이다.

어처구니 없는 생각이지만 난 3천 권의 책을 읽으면 언젠가는 빌 게이츠나, 스티브 잡스, 적어도 무라카미 하루키 같은 유명한 사람이 될 것이라고 생각했다. 지난 7년 동안 하루에 한 권 이상의 책을 읽었는데도 그런 조짐은 보이지 않는다.

독서이 양이나 질도 나쁘지 않았는데 그런 결과다. 하지만 독서를 통해 분명하게 깨달은 것은 지금의 나다. 지금 현재의 나를 보았다. 독서는 그래서 의미가 있다. 독서에서 가장 중요한 것은 정보나 지식의 축적이 아니라 나 스스로의 위치를 바라볼 수 있는 생각의 역동성 때문이다.

해마다 봄이 되면 LA에는 전 세계 마라토너들이 모여드는 대회가 열린다. 이 대회가 전 세계적으로 사랑을 받는 것은 전문 마라토너뿐만 아니라 일반인들도 자유롭게 참여할 수 있기 때문이다.

출발 신호와 함께 전문 마라토너와 일반인들이 한데 섞여 결승선을 향해 출발한다. 하지만 전문 마라토너들과 일반인 참가자들은 자신들의 목적대로 레이스가 펼쳐진다. 전문인 마라토너들은 우승을 위해, 아마추어 마라토너들은 자신들의 즐거움을 위해 힘찬 레이스를 펼친다.

결승선에서 환호성을 지르는 사람, 털썩 주저앉는 사람, 아직도 충분히 달릴 수 있다는 것을 보여 주려 깡충깡충 뛰는 사람, 서로 얼싸안고 웃거나 우는 사람, 순위와 상관없이 완주한 것만으로도 감사하는 사람들 등 천차만별의 사람들을 보지만 자신의 현재에 만족하는 모습은 사람들에게 감동을 전한다.

'책을 왜 읽기 시작했지?' 하고 후회도 했고 '왜 이런 책을 읽고 있을까?' 의심해 보기도 했다. 이런저런 경험이 쌓여 왜 책을 읽어야 하는지를 스스로 정리해 보자면 내가 누군가를 알기 위해서다. 내가 읽고 있는 책이 내가 누구인지를 보여 준다. 우리의 실패나 좌절은 때론 '내가 누구인지, 내가 어디에 있는지, 내가 무엇을 해야 하는지' 모를 때 발생한 결과다.

전 국민의 40%가 봤다고 하는 〈미스&미스터트롯〉의 경연 중에서도 김태연이란 가수의 〈범 내려온다〉가 가장 기억에 남는다. 그 전에도 몇 번 다른 가수의 목소리로 들어 보았지만 아직 어린 소녀가 이렇게 부를 수 있을까 소름이 돋았다. 열심히 그 가사를 살펴보았을 때 나는 한 번 더 전율을 느꼈다.

와, 이런 내용이라니!

이날치 밴드의 〈범 내려온다〉의 내용은 전통 판소리인 〈수궁가〉에서 영감을 받았다. 그 내용은 호랑이가 산속에서 내려오는 장면을 생생하게 묘사한다. 판소리의 전통과 현대의 리듬감을 살려 마치 호랑이가 산에서 내려오는 듯한 생생한 묘사를 보여 준다. 가사에서 "몸은 얼숭덜숭", "전동 같은 앞다리", "동개 같은 앞다리" 같은 묘사는 맹수의 위엄과 힘을 보여 준다. 호랑이가 내려오는 장면에서 긴장감은 "자라가 깜짝 놀래 목을 움치고 가만히 엎졌을제"라는 표현에서 극대화된다. 이 노래는 전통과 현대적인 리듬이 조화를 이루어 과거와 현재를 연결하는 풍자와 해학으로 사용되었다.

〈범 내려온다〉는 판소리와 힙합의 결합을 통해 전 세계에 강력하게 각인된 노래가 되었다. 〈수궁가〉는 전체를 완창하려면 적어도 5시간 이상이 걸리는 어마어마한 스케일의 판소리다. 한국의 판소리 명창들도 완창을 하려면 몇 달에 걸쳐 체력 훈련과 함께 어마어마한 정신력과 체력과 실력이 필요한 판소리다. 이 판소리의 한 대목인 〈범 내려온다〉는 이날치 밴드에 의해 세상에 널리 알려지게 되었다.

〈범 내려온다〉는 별주부가 이 세상에 토끼의 간을 구하기 위해 올라왔다가 처음 본 세상의 장면을 노래하는 부분에서 등장한다. 바닷속에서만 살던 별주부가 세상에서 본 첫 장면은 서로 어른이 되겠다며 싸우는 장면이다. 각각이 자신의 나이를 자랑하며 자신이 왜 상좌에 앉아야 하는지 다투는 내용이 먼저 등장한다. 이렇게 각각의 동물들이 서로 다투며 자신들이 가장 적합한 리더라고 싸움을 하고 있다.

〈범 내려온다〉 노래는 그때 별주부가 토끼를 부를 때 토 선생을 호 선생으로 잘못 부르자 잠자고 있던 호랑이가 자신을 부르는 소리에 깨서 내려오는 장면의 한 소절이다.

범이 나타나자 모든 짐승들이 혼비백산 흩어진다. 누구도 자신이 상좌에 앉겠다고 말하지 않는다. 진짜가 나타나자 진짜인 척하는 모든 짐승들은 뿔뿔이 흩어진다. 인생의 부질없는 자리다툼에 대한 뼈 때리는 풍자가 바로 〈범 내려온다〉에 포함된 노랫말이다. 범이 나타나 별주부에게 호통을 치고 그를 잡아먹으려 하자 별주부는 자신이 맡은 소임과 임무를 위해 호랑이와 당당하게 맞선다. 그리고 호랑이의 급소를 물어뜯자 호랑이는 북방의 의주에 이르러 압록강을 건너 도망했다 한다. 결국 세상의 힘과 권세도 별주부가 가지고 있었던 사명과 소명 앞에서는 한낱 아무것도 아니었음을 보여 준다.

별주부는 한낱 느리고 작은 짐승에 불과했지만 자신이 부여 받은 사명을 이루기 위해 최선을 다한다. 그 사명이 모든 동물들의 왕인 호랑이마저 물리치는 기개를 발휘하였다.

몇백 년 전 우리의 선조들이 세상만사 살아가는 인간들의 모양새를 이렇게 풍자적으로 꼬집었다는 것이 감탄스러울 뿐이다. 호랑이 없는 곳에서 스스로 주인 행세하려는 인간의 군상들의 모습들. 비록 호랑이지만 자신의 누구인지 정확하게 모르면 한낱 약하고 약한 자라에게 쫓겨 줄행랑을 해야 하는 호랑이. 자신에게 주어진 사명과 소명을 정확하게 볼 수 있다면 어떤 어려움도 이겨 낼 수 있는 자라.

빅터 프랭클린의 『죽음의 수용소』에서는 스스로의 생의 의미를 깨닫고 삶에는 분명한 목적과 이유가 있음을 발견할 수 있다. 수용소라는 현실 속에서도 나를 바라보는 당당함을 배울 수 있다. 책은 코로나 바이러스 사태라는 대공황 앞에서 한낱 연약한 인간에 불과한 나지만 그래도 스스로 살아 내야 할 의지와 목적이 있는 한 인간이라는 분명한 목적을 보게 한다. 독서는 "나라면 절대 그렇게 견디지 못했을 거예요"라고 말하는 나의 한계를 보게 하지만 그 한계 속에서 진짜 나라는 존재의 목적과 의미를 보게 한다. 그래서 독서가 필요하다.

3천 독서를 통해 나는 스스로 절망한다. 그러나 스스로 격려한다. 괜찮다, 이 정도면 그래도 쓸 만해. 스스로 자신의 삶에 대해 절망해 본 사람은 절망이 때로는 앞으로 나아가게 하는 연료가 된다. 우리 개개인의 인생을 허비하고 소비하는 데 사용하지 않고 긍정적으로 바꾸어 계속해서 나아가려면 반드시 독서를 해야 한다. 한국 교회에게 가장 필요한 연료 중의 하나가 독서다. 새로운 동력을 얻어야 한다. 이미 새로운 시대가 열렸다. 새로운 시대에 새로운 가능성을 열어 주는 것이 독서다. 3천 독서를 통해서 지난 코로나 기간 2권의 책을 출간했다.(『열혈독서』(나침반), 『메타씽킹 생각의 생각』(강건)) 또 미국 아마존에서 『열혈독서』 영문판을 출간했고 『메타씽킹 생각의 생각』도 영어로 책을 출간할 수 있었다. 독서를 통해 현재 있는 나의 위치와 현실을 직시함과 동시에 새로운 위치로 나아가도록 독서가 이끌었다. 독서는 또 새로운 상황으로 우리를 이끈다. 2023년 6월에 『다음세대 셧다운』, 9월에는 『목회트렌드 2024』를 출간했다. 물론 2023년의 책은 공동저작을 통해서 출간된 책이다. 독서가 아니었다면 코로나라는 전대미문의 팬데믹 상황 속에서 절망하고 좌절하고 말았을 것이다. 독서를 통해 현 상황을 직시하고 그 상황을 돌파할 수 있는 기회를 맞이했다.

천년의 지혜 독서멘토링

독서는 단순히 많이 읽는 것으로 만족하는 행위가 아니다. 3천 독서는 더 성장하고 성숙한 교회와 세상을 만들기 위해 그 목적을 이루기 위한 희망과 소망이다.

남의 책을 안 읽는 것도 문제다. 하지만 남의 책만 읽는 것도 헤어나올 수 없는 심각한 문제다. 우리가 책을 읽는 것은 다른 사람의 지혜와 능력을 빌려 나의 위치를 분명하게 인식하는 것이다. 그렇게 빌려 온 남의 지식과 문제 해결의 능력을 통해 내 생각을 색다르게 표현해 내는 능력을 향상시켜야 한다.

독서는 공감 능력을 더해 준다

'덥다'의 반대말은 '춥다'다. '밝다'의 반대말은 '어둡다'다. '작다'의 반
대말은 '크다'이며, '북쪽'의 반대편을 가리키는 말은 '남쪽'이다. '우편'
의 반대는 '좌편'이며 '좌측'의 반대말은 '우편'이다. 초등학교 시절 배
웠던 반대말이라고 하는 개념은 상대적인 개념을 나타내고 정의하는
언어의 유의다. 언어의 유의라는 것은 절대적인 개념이 아니라 자신
이 쉽게 이해하기 위한 상대적인 개념이라는 것이다.

'덥다'는 말은 절대적인 의미가 아니다. 추운 북극에서 살던 사람들
은 봄기운이 살랑살랑 불어도 덥다고 느낄 수 있고, 적도 부근에서 살
던 사람들은 봄기운에 춥다고 느낄 수 있다. 결국 우리가 반대말이라
고 말하는 언어의 조합은 대립의 관계가 아닌 개념을 설명하고 인지
하는 언어의 표현이라고 할 수 있다. 또한 실존적인 면에서 이런 단어
들은 함께 존재하지 않는다. 계속 더운 상태에서 춥다는 개념이 함께
공존하지 않는다. 밝은 곳에서 어둠이 함께 공존하지 않고 어둠이 짙

은 곳에서 밝음이 한켠을 차지하지 않는다.

결국 대립과 투쟁의 언어가 아닌 자연의 순리를 보여 주는 언어에 가깝다. 추운 겨울은 따뜻한 봄이 오면 자연스럽게 물러났다가 가을 낙엽과 함께 다시 등장하기 마련이다. 큰 파이 조각도 한 조각, 한 조각 먹다 보면 작은 조각만 남게 되는 이치다. 결국 우리가 사용하는 언어가 주는 개념들을 우리가 어떤 시각으로 바라보는가에 따라 그 언어가 가져오는 실질적인 쓰임새가 결정될 수 있다. 하지만 우리가 기억해야 하는 것은 이런 언어와 단어가 절대적일 수 없다는 것이다. 상대성을 띠고 상대적인 개념이기에 절대적인 개념을 강조하면 서로의 의사소통에 큰 문제를 가져올 수 있다.

'상대적으로 덥다, 상대적으로 춥다, 상대적으로 크다, 상대적으로 작다, 상대적으로 북쪽이다, 상대적으로 남쪽이다'는 표현들은 과히 틀린 말은 아니다. 무엇인가 기준을 제시하면 상대적인 개념과 상황을 설명 가능하기 때문이다. 상대방을 이해하는 기술이 바로 공감이다.

내가 직접 체험해 보지 않고선 공감할 수 없다. 타자의 아픔은 책상에서 공부하는 것으로 배울 수 없다. 머리로 이해하고 가슴으로 느끼고 온몸으로 체득해서 경험되는 것만 공감할 수 있다. 흔히 우리는 역지사지해야 한다고 말한다. 역지사지해 봐야 상대방이 바라보는 시선으로 바라볼 수 있게 된다.

"목사님 때문에 2천 원 비싸졌네요."

순간 이 말뜻을 알아듣지 못했다. 분명 한국말인데 무슨 뜻일까? 무심히 지나쳤지만 궁금해졌다. 부목사님께 물었더니 정확한 뜻을 모른다고 한다. "목사님 말씀 듣고 좋았다는 이야기 아닐까요?" 담임 목사의 물음에 이런 답을 내놓는다. 답정너가 된 것 같았다.(난 그렇게 꼰대 목사는 아닌데 순간 꼰대가 된 것 같은 부끄러움이 들었다)

그래서 나름 이렇게 생각해 보았다.

"저랑 대화한 가치가 2천 원이란 뜻이 아닐까요?" 이렇게 답해 놓고 궁금증이 더욱 커졌다.

금요일이 되어 교회에서 다시 만나 물었다.

"2천 원 비싸졌다는 말이 무슨 뜻이야?" 나름 용기 있게 물었다.

"목사님 그걸 몰라요? 목사님 할아버지(꼰대) 같아요." 결국 그 뜻을 알게 되었다. 아직 50대 초반인데 할아버지란 소리를 듣고 얻은 귀한 답이다.

누군가의 조언이나 대화에서 자신들이 반박할 수 없는 정확한 팩트를 뼈 때리는 소리라고 한다. 물론 어디선가 뼈 때리는 소리란 표현을 들어 봤다. 뼈 때리는 소리가 너무 강력하면 뼈가 부서져 버린다. 부서진 뼈가 없어질 정도의 충격을 받았다는 뜻이다. 결국 누군가의 대화에서 자신에게 강한 임팩트가 남겨졌다는 뜻이다. 어느 부분에서 임팩트가 있었는지 알 수 없었지만 결과적으로 자신과 대화와 소통이 되었단 뜻이다.

천년의 지혜 독서멘토링

그런데 왜 2천원 더 비싸진 걸까? 설명인즉 그렇다. 뼈 없는 순살 치킨이 일반적으로 2천원 더 비싸기에 2천원 더 비싸졌다는 뜻이다. 아버지가 퇴근 중에 사 들고 오신 통닭 튀김에 익숙한 세대라면 도무지 이해할 수 없는 언어의 유희다.

MZ 세대를 지나 알파 세대라는 자녀들 세대에 가장 큰 특징이 있다면 사용하는 언어의 변화다. 다음 세대의 변화와 삶의 구조를 이해하려면 그들의 언어에 익숙해져야 한다. 그들의 언어에 익숙해지지 않고서 다음 세대를 이해할 수 없다. 빠르게 변화하는 세상 속에 가장 빠르게 변화를 보여 주는 것이 언어다. 언어는 그 세대의 의식과 변화의 속도를 이해할 수 있는 가장 중요한 척도 가운데 하나다.

강남 3구, 스카이, 조중동, 에루샤, 네카라쿠배와 같은 단어에서 익숙한 단어가 곧 우리가 살아온 세대의 언어다. 우리가 어떤 세대인지 보여 주는 척도가 된다.

"여의도 더 현대에는 에루샤가 없대. 에루샤 쇼핑하려는데 현본에는 에루샤(에르메스, 루이비통, 샤넬)가 다 있나? 한 번에 쇼핑하고 싶은데."

분명 한국말인데도 선뜻 이해하기 어렵다면 다음 세대들이 사용하

제1부_새로운 미래 혁명, 읽기의 힘

는 언어의 변화에 아직 따라가지 못하고 있는 증거다.

"목사님, 전 공부 열심히 해서 네카라쿠배 같은 곳에서 일하
고 싶어요."

무슨 말일까?

1) 일본 기업에 취업하고 싶다.(한국에서 취업이 어려우니 해
    외기업에 취직해야 한다는 뜻일까?)
2) 유명한 요리사가 되어 식당에 취업한다.
3) 성공한 스타트업 기업에 취업하고 싶다.

정답은 3번이다.

네이버, 카카오, 라인, 쿠팡, 배달의민족과 같은 성공한 스타트 기
업의 앞 글자만 따서 만든 단어가 네카라쿠배다. 자녀들이라면 매우
친숙한 표현이다. 알파 세대의 언어. 여기에 업데이트되어 최근에
는 네카라쿠배당토로 당근마켓과 토스가 추가되어 사용되고 있다.
미국의 성공한 IT 기업을 뜻하는 FAANG(페이스북, 아마존, 애플, 넷
플릭스, 구글)처럼 쓰인다. 취업 사이트나 다음세대 자녀들이 일하고
싶은 기업을 물었을 때 흔히들 사용되는 언어다. '네카라쿠배당토 지

원 준비하는 학생들의 자소서는 어떻게 써야 하나요?' 같은 물음을 포털 사이트에서 쉽게 찾아볼 수 있다. 사용하는 언어의 변화 속에 세상의 변화와 흐름을 재빠르게 읽어 내고 받아들이는 특성이 다음 세대 즉 알파 세대의 독특한 문화현상이다. 시대의 변화에 뒤쳐지지 않으려는 그들 나름의 노력의 결과물이다. 사용되는 언어의 변화를 통해 그들 세대 의식의 흐름을 엿볼 수 있다. 단순히 말을 줄이거나 언어의 유희가 아니라 그 세대가 표현할 수 있는 표현의 존재로 사용된다. 표현의 존재로써 대화와 소통이 가능한 집단을 통해 세대가 구분된다. 언어를 통한 의식의 흐름이 세대를 구분하고 공동체를 구분해 주는 척도가 되었다.

이와 같은 의미에서 자녀들 세대를 대변하는 K-Pop과 한류의 문화 역시 재빠르게 변화하고 있는 세대의 변화와 함께하고 있다. 지금 자녀들 세대의 K-Pop은 3세대 아이돌 그룹이라고 할 수 있는 엑방원이 그 시작이란 것이 정설이다. 엑소, 방탄소년단, 워너원의 합성어 조합으로 불리는 이들 단어에서 언어의 변화와 조합을 이해하는 것이 필요하다. 지금은 팬덤층의 변화에 따라 그 조합이 조금씩 달라지기도 하고 변화되기도 한다. 엑방원셉(세븐틴) 혹은 엑방셉 등으로 팬덤층에 따라 불리는 조합의 단어가 바뀌기도 하지만 자녀들 세대의 문화현상의 변화를 가장 민감하게 느낄 수 있는 단어의 조합들이다. 코로나 이후 지금은 4세대라고 할 수 있는 즈즈즈(더보이즈, 스트레이 키즈, 에이티즈)와 여자 아이돌 그룹 트레블(트와이스, 레드벨벳, 블랙핑크)에 이어 에스아(에스파, 스테이시, 아이브)가 등장하여 대세를 이루고 있다.

외래어나 외계어가 아닌데도 사용되는 언어의 조합과 세대를 이해하지 못하면 빠르게 변화하고 있는 자녀들 세대를 이해할 수 없다. 이렇게 말을 줄이거나 새로운 단어의 조합을 만들어 소통을 시도하면서 자녀들 세대는 자신들의 친구와 공동체로 만들어 간다. 자신들의 관심사에 해시태그를 사용하여 비슷한 언어 의식의 흐름을 가진 사람들이 친구가 되거나 정보를 공유하게 된다. 소셜미디어(웹 2.0) 시대에 나타난 문화 현상으로 자녀들에게는 가장 친숙하고 익숙한 세계다.

자녀 세대들의 변화의 속도와 흐름을 SNS에서 사용되는 해시태그(#)의 단어들을 통해 살펴볼 수 있다.

답정너(답은 이미 정해져 있고 넌 대답만 해), 자만추(자연스런 만남 추구), 스불재, 갑분싸, 고답이(고구마 답답이), 금사빠, 핵인싸, 닥눈삼일(닥치고 눈팅 3일), 삼귀다(사귀기 직전의 상황), 덕질, 입덕, 맘(#)

다양한 알파 세대의 언어에 해시태그가 붙어 그 단어에 생명을 불어넣어 자신들의 표현을 거침없이 드러낸다. 이런 단어들은 국립국어원에서 결코 표준어로 채택될 수 없는 단어들이다. 하지만 소셜미디어의 발전과 함께 누군가에 의해 표현된 한 단어가 각 세대의 공감을 얻는 순간 가장 강력한 표현과 소통의 수단이 된다. 그러기에 가장 빠르게 확산되고 전파되는 특성을 가지고 있다. 자녀들 세대는 이런 변화를 자연스럽게 받아들인다. 알파 세대는 이 변화에 뒤쳐지지 않으려고 노력한다.

알파 세대들은 이런 변화를 뫔(몸과 마음을 한 단어로 줄인 말)으로 받아들일 준비가 되어 있다. 결국 뫔이 통하지 않으면 알파 세대들은 그것을 자신의 것으로 받아들이지 않는다. 한마디로 뫔이 통하는 사람이 친구다. 부모님들이 자녀들과 소통의 어려움을 느끼고 있다면 한마디로 뫔이 통하지 않기 때문이다. 교회에 가기 싫은 것도 뫔이 통하지 않아서다. 목사님의 설교가 뫔에 와닿지 않기 때문이다.

정유라 작가는 언어의 재탄생이 결국 세대와 문화를 표현하여 소통하는 가장 기초적이고 중요한 현상임을 설명하고 있다. 특별히 정유라 작가가 주목한 것은 온라인상에서 일어나고 있는 언어 표현의 변화다.

정유라 작가는『말의 트렌드』에서 일상생활에서 자주 사용하는 두 단어가 결이 완전히 다른 상황에서 결합할 때, 강력한 시너지를 발휘

한다고 설명한다. (인플루엔셜, 2022, 54페이지) 밋밋한 단어가 반짝이는 순간, 사람들은 낯설면서도 빠르게 안심을 느낀다. 이처럼 상식을 깨고 새로운 표현의 지평을 여는 언어 조합은 온라인 공간에서 더욱 자유롭게 퍼진다고 한다. 이런 언어의 마법은 우리의 소통 방식을 더욱 풍부하게 만든다.

자녀 세대(알파 세대)는 낯선 것에 대한 두려움이 없는 세대다. 상식으로 여겨졌던 삶의 방식들도 스스럼 없이 깨고 표현의 자유를 마음껏 누리는 세대다. 이런 현상이 가능했던 것은 인터넷의 발전과 함께 온라인이라는 새로운 환경을 어려서부터 자연스럽게 경험한 유일한 세대이기 때문이다. 인터넷 온라인 공간에서의 세상은 새로운 환경을 받아들이는 것이 자연스럽다. 익숙함과 편리함에 기대어 변화에 민감하지 않던 세대들에게 온라인이란 공간에서 일어나는 변화는 일상의 진부함을 깨트렸다. 알파 세대는 유일하게 태어나면서부터 자유롭게 핸드폰을 사용할 수 있는 세대다. 어디에서든지 자유롭게 와이파이에 접속할 수 있는 세대다. 코딩을 일상적으로 사용할 수 있는 세대이기도 하다.

이렇게 급속한 변화에도 유연하게 대처할 수 있는 알파 세대는 인간관계를 맺어 가는 방식에서도 다르다. 지금의 부모 세대는 동아리, 동호회, 로타리 클럽처럼 소속감과 희생을 강조하는 문화에서 공

천년의 지혜 독서멘토링

동체를 만들어 왔다. 이런 인간관계는 가입과 탈퇴의 기준이 엄격하며 소속감을 갖는 회원자격을 얻거나 빼앗기는 것을 통해 관계를 형성하는 방식이었다. 그래서 자유로운 소속감보다는 경직되고 제한된 방식으로 공동체가 형성되었다. 교회 역시 비슷한 상황에서 공동체가 형성된다. 하지만 소셜 미디어에서 만들어지는 공동체는 전적으로 나의 참여 의사와 의지로 소속감이 형성되는 경우가 대부분이다. 근본적으로 교회와 자녀들이 공동체에서 소속감을 맺어 가는 시작점 자체가 다르다. 온라인상에서 예배와 교회가 공개되었을 때 많은 성도들이 출석하는 교회와 함께 또 다른 교회에 접속하기 시작했다. 알파 세대는 이런 접속으로부터 이미 공동체로 인식하게 된다.

알파 세대가 공감하고 공동체를 형성하는 방식으로 MBTI를 선호한다. MBTI 이전에는 혈액형으로 공감을 이끌어 내는 방식이었다. 각 혈액형을 기준으로 부여된 개인의 성격과 캐릭터는 과학적인 근거를 통해 만들어진 것은 아니다. 성격이란 단순히 혈액형 타입으로만 결정되는 것은 아니다. 하지만 오랫동안 이어진 사회적 경험이 토대가 된 대중심리학이라고 할 수 있다. 그것도 한국과 일본이 유일하다. 과학적 근거가 없음에도 혈액형으로 대표되는 개인의 성격에 대한 견해는 오랫동안 유지되어 왔다.

B형이라는 이유로 나쁜 남자로 평생 살아왔다. 다혈질이라고 믿고

살았고 뒤끝이 없다고 살아왔다. B형 캐릭터가 아닌 또 다른 나를 받아들이거나 변화를 생각해 볼 수 없었다. 통상적으로 혈액형 캐릭터는 국룰과도 같은 것이다.

혈액은 같은 혈액형이 아닌 이상 섞일 수 없다. 다른 혈액이 섞인다는 것은 죽음을 초래하기에 다른 혈액형을 받아들일 수 없다. B형인 내가 다른 A, O형의 캐릭터를 쉽게 받아들일 수 없는 이유다. A형으로부터 수혈을 받을 수 없는 까닭에 다른 캐릭터 역시 쉽게 받아들일 수 없다. 혈액형별 성격 유형에 익숙한 세대는 다른 유형을 받아들이는 데 폐쇄적일 수밖에 없다.

MZ 세대를 시작으로 열풍이 불기 시작한 MBTI를 통해 알파 세대는 관계를 만들어 간다. 혈액형이 4개의 조합으로 남녀의 캐릭터를 통해 관계공동체를 만들어 갔다면 MBTI는 객관적인 데이터베이스를 근거로 열여섯 가지의 캐릭터를 거쳐 나오는 결과라는 점에서 알파 세대는 객관성을 확보했다고 믿는다. MBTI로 관계를 만들어 가는 알파 세대는 자신들과 공통의 유형별 범주를 통해 객관성이 있는 공동체를 형성한다고 믿는다. 알파 세대가 관계를 맺는 데 있어 캐해(캐릭터 해석)라는 단어를 사용하는데 그 근거가 되는 것이 MBTI이다. 캐해라는 말 속에는 자신이 어떤 유형의 사람이라는 것을 어필하는 데 사용하고 다른 사람들을 어떻게 이해할 것이라는 것을 또한 암시한 것이다. 자신의 캐릭터와 유사하지 않거나 공감되지 않는 부분이 있는 관계를 맺을 때 알파 세대는 주저없이 부캐를 만드는 이유가 여기에 있다. 부캐는 연예인들이 다양한 인물로 등장해 방송을 한 것을 시작으로 알파 세대들은 자신에게 필요한 관계와 공동체를 만들기 위해 새로운 자신을 만들어 내는 데 주저하지 않는다.

이런 알파 세대의 특성 때문에 결국 기존의 기성 세대는 고집스럽고 쉽게 변화되지 않는 일률적인 캐릭터를 가진 세대로 인식된다.

알파 세대가 MBTI와 함께 자신들의 정체성을 드러내는 데 사용하는 것이 민초와 반민초에 대한 선택이다. 이것은 부먹 대 찍먹, 팥붕 대 슈붕, 얼죽아와 아닌지, 얼죽코(얼어 죽어도 코트)와 아닌지와 같은 것으로 확장되어 간다. 온라인상에서 자신의 MBTI와 민초와 반민초와 같은 자신의 취향에 맞는 관계들이 공동체가 되어 지지자들을 만들고 몰입하게 된다.

알파 세대의 이런 성향을 통해 그들 세대는 대단히 유연한 확장성을 가지고 있다는 것을 알아야 한다. MBTI가 달라도 부캐를 통해 같은 캐릭터를 공유하고 민초와 반민초, 아아와 뜨아와 같은 이슈를 동질성을 부여하는 것은 이기기 위함이 아니라 공동체를 형성하기 위한 방법이라는 것을 이해해야 한다. 이런 확장성 때문에 교회와 기성 세대를 향해 꼰대라는 입장을 확고하게 한다.

'꼰대'란 간단하게 정의하면 "권위적인 사고를 가진 어른이나 선생님을 매우 비하하는 학생들이 사용하던 단어"라고 정의할 수 있다. '권위적인'의 뜻은 자신의 생각과 행동만이 옳다는 입장을 바꾸지 않는 태도를 말한다. 처음 꼰대라는 말은 학생들이 학교 선생님들을 폄하하는 단어로 사용되었다. 그러나 지금은 시대의 변화에 적응하지 못하고 거부하며, 심지어 공격까지 하는 사람을 통칭한다. 내가 경험한 것만이 옳고 나는 새로운 변화를 받아들이지 않는 모든 것은 꼰대 근성에 해당된다. 그런 의미에서 알파 세대는 교회와 목회자들을 21세기 대표적인 꼰대 집단으로 인식하고 있다.

유영만과 박용후 작가의 『언어를 디자인하라』에서는 '꼰대'를 입력장치는 고장 났지만 출력 장치만 살아 있는 사람으로 비유한다.(쌤앤파커스, 2022, 143페이지) 꼰대의 언어는 진부하고 과거형인 반면, 리더의 언어는 새롭고 미래형이다. 이는 리더가 동일한 언어도 어제와 다른 방식으로, 새로운 용법으로 사용하려고 노력하기 때문이다. 이런 언어의 차이는 단순한 소통을 넘어서 리더십의 핵심을 반영한다.

유영만 교수는 꼰대에 대해서 입력 장치가 고장 난 사람이라고 정의했다. 새로운 것을 받아들일 준비 없이 쏟아내 놓은 사람이라면 세대와 상관없이 꼰대인 셈이다. 목회자의 입장에서 입력장치가 고장 난 꼰대, 어른인 체하는 목회자의 현실을 외면만 할 수 없는 상황이다.

코로나 시대에 대면 예배를 고집하며 집단적인 감염의 온상이라고 지목된 교회와 목회자들은 새로운 꼰대 공동체로 인식되었다.(물론 교회가 미디어의 희생양이 된 부분도 무시할 수는 없다) 적어도 알파 세대의 눈에 교회는 변화를 싫어하고, 이기적이며, 무분별한 이기적인 집단이라는 인식이 더 커졌다.

알파 세대가 MBTI로 공동체를 만들고 민초와 반민초로 밈을 만드는 이유의 본질은 공존이다. 서로 맞지 않는 부분도 부캐를 통해 맞추어 가는 공존의 노력은 스스로의 변화에 민감한 세대이기에 가능하다. 그런 의미에서 교회의 언어는 여전히 변함없다. 형제님, 자매님, 목사님, 당회장님, 권사님과 같은 교회의 직분은 교회 공동체 안의 권위적인 지위로 인식되고 있다. 개신 교회는 500년 전 교회의 시스템 형태와 신학과 권위 체계를 지금까지 유지해 오고 있다. 시대마다 예배의 형태와 형식의 변화가 전혀 없었던 것은 아니지만 교회는 여전히 변화되기 어려운 공동체로 인식되고 있다. 진리의 문제는 절대적으로 타협할 수 없는 문제다. 그러나 비진리에 해당되는 부분들을 유연하게 받아들이고 공존하고 있는지는 심각하게 생각해 봐야 한다.

이민영 작가의 『젊은 꼰대가 온다』에서는 공존을 위해 자기 객관화 준비가 되어 있는지 살펴볼 것을 권한다.(creta, 2022, 153페이지) 자기 객관화라는 말이 어렵게 들릴 수도 있지만, 쉽게 말하면 성찰과 자기인식, 그리고 무엇을 알고 모르는지를 잘 아는 것을 의미한다고 설명한다. 이는 공존을 위한 중요한 과정으로, 자신을 객관적으로 이해하는 것이 필요하다.

지난 코로나 사태 이후 알파 세대는 가장 손쉽게 변화에 유연하게 대처한 세대다. 인터넷에 가장 최적화된 세대다. 가상 공간에서 이루어지는 캐릭터에 익숙한 세대다. 신인류와 새로운 시대가 시작되었다는 것을 가장 먼저 인식한 세대다. 알파 세대는 자기 객관화의 공간을 가상의 공간과 온라인의 공간에서 자유롭게 인식하는 세대다.

교회는 지금까지 고수해 온 질서 속에서 정체성을 객관화해 왔다. 교회 공동체를 벗어난 기독교 신앙을 객관화하는 것을 교회에 대한 도전이라고 생각해 왔다. 교회 공동체가 아닌 가상의 공간과 온라인에서의 객관화 작업을 준비해 본 적이 없다. 온라인과 가상공간(메타버스)은 교회의 본질이 아닌 임시방편이나 대안 정도로만 생각한다.

하지만 알파 세대는 오프라인뿐만 아닌 가상의 공간에서의 교회와 온라인으로 만나는 공동체에서 관계를 맺어 간다. 교회는 대면 예배의 자리로 돌아오지 않는 세대들이 교회를 떠났다고 생각한다. 그런 이들을 향해 가나안 성도라고 말한다. 하지만 MZ 세대와 알파 세대들은 온라인상의 새로운 공동체로 자신들을 객관화했을 뿐 교회를 떠난 것도 신앙을 버린 것도 아니다.

코로나는 서서히 진행될 것 같던 가상세계로의 진입을 단기간에 진입하도록 만들었다. 미래세계 언제쯤 마주하게 될 것 같던 가상의 세계가 온 인류 앞에 성큼 다가왔다. 코로나로 인해 빛의 속도로 세상은 변화되었다.

1997년 체스 세계 챔피언 가리 가스로프는 IBM 슈퍼 컴퓨터 '딥블루'와 체스 경기를 벌였다. 1년 전 승리의 경험이 있었기에 이번에도 승리를 예견했지만 결과는 충격적인 패배였다. 인공지능(AI) 시대가 도래했음을 알리는 서막이었다. 그로부터 19년이 지난 후 세계 최고의 프로 기사 이세돌은 구글 알파고와 바둑 대결을 벌인다. 이세돌이 한 경기를 이겼지만 알파고와의 바둑 경기를 통해 이미 세상은 인공지능(AI)이 사람의 능력을 뛰어넘는 시대가 왔음을 알았다. 인공지능에 대해 비관적인 생각을 가진 사람들은 인공지능으로 인해 인간의 직업군에 큰 문제가 생길 것을 염려한다. 이미 인간의 감정까지 느낄 수 있는 인공지능이 연구되고 있어 앞으로 펼쳐질 세상의 변화는 어디까지일지 궁금하다.

현 시점에서 가장 뜨거운 관심은 ChatGPT다. 대화형 인공지능으로 개발된 ChatGPT는 웹 2.0 시대가 저물고 새로운 웹 3.0 시대가 도래하고 있음을 보여 준다. 인공지능으로 훈련된 프로그램이 언어와 정보를 처리하는 과정에서 학습된 결과를 보여 주는 것이 ChatGPT다. 구글이 간단한 기본정보 언어로 필요한 정보를 공유하고 제공하는 역할을 해 주었다면 ChatGPT는 기본정보 언어로 창의적인 정보를 생성해 주는 인공지능의 영역이다.

미국 대학가에서 이미 ChatGPT를 이용한 논문 제출과 시험 그리고 과제 제출을 금하고 있으며 앞으로 ChatGPT를 악용하는 사례를 막을 대책이 시급한 상황이다. 이제 초보 단계의 ChatGPT이기에 정확한 정보와 논리적 설명에서 부족함이 있지만 인공지능의 딥 러닝 기능으로 얼마든지 개선될 수 있는 수준까지 올라와 있다.

ChatGPT를 이용해 설교문을 작성해도 양질의 설교문을 작성할 수 있다. 그 정확성에서도 지금의 목회자들의 설교문에 비해 뒤지지 않는다. 이런 추세라면 AI 로봇에 인간의 감정을 학습시켜 ChatGPT로 설교문을 작성하고 AI 로봇을 선택해 듣고 싶은 설교를 선택하여 들을 날도 상상해 볼 수 있다. 결국 이런 시대에 목회자들이 양질의 독서를 하지 않으면 양질의 설교문을 만들어 낼 수 없다. ChatGPT만큼 문장을 쓸 수 없다면 앞으로 목회자들 스스로가 설교 강단에서 내려와야 할 날이 멀지 않았다. 나도 설교문을 작성해 보니 ChatGPT의 원고가 단순하지 않았다. 모든 설교자들의 설교 원고를 앞지를 날이 멀지 않았음을 단번에 알 수 있었다. 이런데도 독서하지 않는다면 설교 강단의 미래는 너무나도 분명하게 예측 가능하다.

인기 강사로 알려진 김미경 강사는 앞으로 도래하게 될 웹 3.0 시대의 변화는 예측 불가능한 상황이 될 것이라고 예견하며 한국 최고의 웹 전문가들과 함께 웹 3.0 시대를 대비해야 한다고 경고하고 있다.

김미경 작가는 『웹 3.0 넥스트 이코노미』에서 웹 3.0 생태계에 대해 알면 알수록 경이로움과 동시에 공포감이 밀려온다고 말한다. (-

Awake books, 2022, 5-6페이지) 빠르게 상용화되고 있는 기술들은 웹 2.0 시대가 끝나가고 있음을 시사하며, 코로나 19로 인해 이미 세상이 10년 이상 앞당겨졌지만 웹 3.0은 그보다 세 배 더 빠르게 다가왔다고 한다. 그러나 대다수의 평범한 사람들은 그 변화를 인지조차 하지 못하고 있다. 이는 새로운 기술의 발전 속도와 그로 인한 변화에 대해 생각해 보게 한다.

이미 세상은 급속한 변화가 시작되었음에도 변화를 인식하지 못하는 교회와 사역자들이라면 다음 세대를 위한 사역의 준비 역시도 제대로 준비될 수가 없다. 교회가 새로운 세상의 변화와 질서를 대비하지 못하면 자녀 세대와 벌어진 격차를 영원히 줄일 수 없는 때가 올 수도 있다. 지금이라도 알파 세대가 교회로 발걸음을 되돌릴 수 있도록 뼈를 깎는 노력이 필요한 때다.

공감은 상상력이 풍부할 때 더 많이 공감할 수 있다. 풍부한 상상의 날개를 펴면 다음 세대 자녀들의 다양함을 상상할 수 있다. 상상력은 독서로 채울 수 있는 생각의 영역이다.

브라질 아마파주에 있는 지라웅 경기장은 후반전이 되면 남반부에서 북반부로 북반부에서 남반부로 경기장을 이동한다. 북반부와 남반부에 국토가 걸쳐 있는 브라질은 불균형 상태를 해소해 보자는 의미로 적도를 기준으로 경기장을 건설했다. 적도의 날씨가 너무 더워 경기가 거의 열리지 않지만 이들은 서로를 공감하려는 최소한의 의지를 보여 주었다.

최소한 공감하고 공유한다. 함께 경험한다. 북반부에서 남반부로, 남반부에서 북반부로 서로의 경기장을 각각 경험한다.

자아는 자신의 경험과 체험을 통해 형성된다. 자신의 경험도 극심한 고통이나 말할 수 없는 기쁨을 동반하지 않으면 금방 잊힌다. 이럴진대 상대방을 이해하고 공감한다는 것은 불가능하다.

독서는 불가능에 가까운 공감을 감각을 열어 준다. 한 줄, 한 단어, 한 단락 혹은 그 한 책이 어느 날 사투 끝에 건져 올려진 체험적 경험으로 다가온다.

십자가! 그 사건 역시 체험적 공감으로 공감되었을 때 하나님의 고난과 고통이 공감된다. 이렇게 온몸이 감각적으로 체험될 때 우리는 구원을 경험한다. 우리가 부정할 수 없는 인식의 체험과 공감이 있을 때 그 책은 살아 있는 책이 된다.

독서는 새로운 생각을 창조해 준다

독서는 새로운 생각을 할 수 있게 한다. 내가 가진 생각의 틀을 깨는 것이다. 생각은 한자리에서 고정되어 머무르기를 좋아한다. 이때 생각을 업그레이드하고 한자리에 머물지 않도록 지속적으로 생각해야 한다. 생각도 살아 있는 생명체처럼 다루어야 한다. 계속 성장하도록 필요한 영양분을 공급하고 생각의 소스를 제공해 주어야 한다.

변화되는 속도와 삶의 자리에 생각의 속도를 맞추지 못해 교회는 꼰대 이미지가 강하다. 속도에만 맞추다 보면 깊이가 없어져 너무 가벼운 종교적 담론으로만 빠지기 쉽다. 그래서 생각이라는 것이 어렵다. 결국 또 사유하고 사색하고 질문하고 답을 해야만 다양한 관점의 문제를 바라볼 수 있다.

생각이 변했다는 것은 단순하지 않다. 생각은 쉽게 변하는 것이 아니다. 생각이 변했다면 삶의 방향과 경험이 바뀌고 있다는 강력한 신호다. 사람이 쉽게 변하지 않는 것처럼 기본적인 생각은 쉽게 변하지 않는다. 특히 상황이 좋고 커다란 문제가 없으면 생각도 변하지 않는다. 생각이 변했다는 것은 지금 상황이 변화되었거나 지금까지 경험하지 못한 새로운 변화가 시작되었다는 뜻이다. 결국 삶에 변화가 찾아오면 생각이 바뀐다. 생각이 바뀌면 생각이 변한다. 작은 생각의 변화가 큰 삶의 변화를 가져올 수 있다. 시간이 지나면 현재의 생각도 바뀔 수 있다. 어떤 생각은 다음 세대로 넘어가면서 완전히 다른 생각으로 바뀔 수도 있다. 그래서 생각의 변화에 우리의 삶도 민감하게 대응할 필요가 있다.

파스칼은 일찍이 인간의 영적 문제를 지적한 바 있다. 그는 인간의 실존을 다룬 고전『팡세』에서 인간의 불행은 고요히 머물러 사색할 수 없는 것임을 경고했다.

"인간의 불행은 모두 단 하나의 일 즉 방 안에 조용히 머물러
있을 수 없다는 데에서 비롯된다."

'팡세'라는 말은 프랑스어로 '생각'이란 뜻이다. 그 유명한 '생각하는 갈대'라는 말도 이 뜻에서 유래되었다. 인간이 다른 피조물들과 근본적으로 다른 것은 생각할 수 있다는 점이다.

하지만 코로나 이후 기독교는 한없이 가벼움으로 인해 신앙의 도전을 받고 있다. 신앙이 광장과 길거리로 나갈 때 엄숙함과 장엄함을 가지고 나가야 한다. 기독교 신앙이 광장과 길거리에 나갈 때 보여 줬던 장엄함과 위엄을 찾아보기 어렵다. 마치 절벽을 보지 않으려고 눈을

가리고 달려가듯 광장으로 달려갔다. 다시 한번 기독교 신앙이 맹목적이라는 공격을 받고 말았다. 맹목적이란 말은 생각이 없다는 말이다. 김기현 목사는 이런 현상에 대해 강력하게 의문을 제기한다.

김기현 목사는『말씀이 육신이 되어 우리 가운데 거하시매』에서 고대 교부부터 아우구스티누스와 아퀴나스, 루터와 칼빈, 파스칼과 도스토옙스키에 이르기까지 찬란한 지성의 금자탑을 쌓아 온 기독교가 어떻게 무개념의 대명사가 되었는지에 대해 논의한다. (죠이북스, 2023, 40-41페이지) 파스칼의 대답에 따르면, 이는 사람들이 생각하지 않고 자신을 성찰하지 않기 때문이라고 한다. 이 내용은 기독교가 왜 그 본래의 지적 깊이를 잃어버렸는지를 성찰하게 만든다.

교회의 가벼움과 피곤함, 지루함은 결국 생각하지 않아서다. 생각하지 않는 이유는 생각을 해야 할 자극을 경험하지 못하기 때문이다. 독서는 우리의 생각을 자극한다. 3천 독서가 필요한 이유다. 독서는 자극을 준다. 기독교 신앙은 인간의 가벼움을 뛰어넘어 하나님의 위대함에 다다르도록 우리의 이성을 이끈다.

생각의 힘을 키우면 그만큼 실수를 줄일 수 있다. 실수를 반복하지 않기 위해 끊임없이 생각하는 전문 분야가 있다. 바둑기사들은 대국이 끝나면 반드시 '복기'를 한다. 바둑에는 '복기'라고 하는 특별한 배움이 있다.

이영재 작가의 『신앙은 역설이다』에서는 프로 바둑 기사들이 승부를 마무리한 후 복기하는 것을 예시로 들어 신앙을 설명한다. (글과길, 2021, 118페이지) 복기란 대국이 끝난 후, 양 대국자가 서로의 잘못을 되짚어 보기 위해 바둑을 둔 순서대로 처음부터 끝까지 다시 두는 것이다. 프로 바둑 기사들은 보통 한 번의 대국에서 250개에서 300개의 돌을 두는데, 이 많은 돌을 한 점의 오차 없이 정확하게 복기한다고 한다. 이는 바둑알을 둘 때 의미 없는 돌이 아닌, 의미 있는 돌을 두기 때문이라고 한다. 바둑알을 왜 그곳에 두는지 생각하며 두면 복기가 가능하다는 것이다. 이는 신앙의 여정에서도 비슷한 성찰이 필요함을 시사한다.

'복기'란 대국을 끝내고 바둑의 결과가 왜 이렇게 나왔는지를 생각하면서 다양한 경우의 수를 생각해 보는 과정이다. 이 과정에서 한 번의 실수와 한 번의 생각이 전체 판도에 얼마나 큰 영향을 미쳤는지 깨닫게 된다. 바둑에서 '복기'란 결국 반복되는 생각의 실수를 고치기 위함이다. 한 번도 생각해 보지 못한 묘수를 배우는 시간이다. 좀 더 생각하고 분석하기 위한 가장 좋은 방법이다. '복기'란 결국 생각의 폭과 깊이를 넓히는 반복적인 훈련이다. 생각 훈련도 반복된 훈련이 필요한 이유다. 위대한 생각은 탄생하는 것이 아니라 만들어지는 것이다. 반복된 생각의 훈련을 통해 뿌려진 조그마한 생각의 씨앗이 싹을 틔우고 뿌리를 내려 열매를 맺을 때까지 생각을 가꾸어야만 위대한 생각이 열매 맺는 것이다.

성경은 우리에게 생각하라고 말한다. 생각을 가꾸라고 말한다. 생각을 지키라고 말한다. 깊이 생각하라고 말한다. 넓게 생각하라고 말한다.

사람의 생각은 씨줄과 날줄이 만나는 것처럼 이리저리 얽혀 만들어지는 복잡계에 해당한다. 생각이란 봄의 약동으로 싹이 트고 꽃을 띄우는 그 찰나의 순간마다 변한다. 흔히들 눈 깜짝할 만한 시간마다 생각의 씨줄과 날줄이 살아 움직인다. 그 순간의 시간이 75분의 1초 즉 0.0013초에 해당하며 세상에서도 찰나의 순간에 모든 것이 생겼다가 멸한다고 말한다. 찰나생멸, 찰나무상이라는 말이 여기에서 생겼다. 찰나라는 것은 생각이 스치는 순간이다. 그래서 찰나의 순간을 일념이라고 한다. 일념의 순간 안에 무려 90번의 찰나의 순간(번뇌)의 순간이 일어난다. 이런 번뇌의 순간이 사람마다 다르지만 적어도 하루에 3,282만 번의 찰나의 순간이 지나간다고 하니 하루에 스쳐 지나가는 생각의 순간이란 상상을 초월하는 것들이다.

빌 게이츠는 『빌게이츠 @ 생각의 속도』에서 인간의 생각 속도가 정보의 속도와 같은 맥락에 있지만, 흔히 말하는 광속보다도 빠르다고 언급한다. (청림출판, 1999, 8페이지) 그는 이 세상에서 가장 빠르다고 하는 빛의 속도를 능가하는 것이 바로 사람의 생각임을 강조하고 있다. 이는 인간의 사고력이 얼마나 놀라운지를 보여 준다.

인생의 가장 큰 재앙은 생각을 관리할 수 없게 되는 것이다. 생각을 스스로 관리할 수 없다면 생각만 해도 끔찍한 일이 된다. 생각하기도 싫은 일이 벌어질 수 있다. 생각이 하나님의 은혜 속에 잠겨야 하는 이유다.

결국 하나님의 말씀으로 생각을 다스리지 못하면 생각 속에서 스스로 자멸하거나, 죄에 빠지거나, 낙망하게 된다. 생각을 가꾸는 힘이 필요한 이유다. 수많은 생각이 스쳐 지날 때 한순간의 생각이 우리의 삶의 방향을 정할 수 있다. 그래서 하나님의 말씀이 필요하다. 생각을 다스리고 주장할 수 있는 힘은 하나님의 말씀에서 나온다.

하나님의 말씀을 묵상하면서 깨닫게 되는 생각은 이런 생각들이다.

생각이란 무엇인가?

매일매일 해야 하는 것. 하루에 12번도 더 바뀌는 것. 정답은 없지만 정답에 가까워져야 하는 것, 무궁무진한 것, 새로운 것, 살리는 것, 다른 이를 돕는 것, 긍정적인 것, 하면 할수록 좋고 쓰면 쓸수록 좋은 것, 나누면 나눌수록 풍성해지는 것, 존중해 주면 존중을 받는 것, 나를 가꾸어 주는 것, 나를 새롭게 하는 것, 매일매일 나를 젊게 살도록 해 주는 것이다. 독서는 생각을 풍성하게 해 준다. 독서는 올바른 생각을 하게 해 준다. 독서는 생각의 재료들을 끊임없이 공급해 준다.

우리가 생각할 때 사용하는 것은 정보다. 정보는 언어로 이루어져 있다. 시각언어나 청각언어로 이루어진 정보는 보이지 않는 틀을 가지고 있다. 이런 틀이 우리 생각의 기초를 만들어 준다. 결국 생각의 기초를 튼튼히 하려면 언어의 기초를 튼튼히 만들면 된다. 독서는 이

틀을 가시화해 준다. 가시화된 생각의 틀을 통해 새로운 세계가 열리고 관계가 열린다. 새로운 세계를 열려면 새로운 언어가 필요하다. 새로운 언어를 제공하는 것이 독서다. 3천 독서는 무제한의 언어를 제공한다. 이런 언어의 틀을 통해 우리는 사고체계 속에서 무한대의 생각을 할 수 있다.

무엇보다도 예수님을 깊이 생각하는 것이다. 생각을 훈련하면서 부정적이던 생각을 버릴 수 있었다. 아직도 버려야 할 생각과 채워야 할 생각이 많이 있지만 생각을 멈추지 않는 한 생각은 자라서 귀한 열매를 맺을 것이라고 생각한다.

독서는 기독교 영성 형성의 기초다

　독서만이 기독교 영성의 기초는 아니다. 하지만 독서 없는 기독교 영성은 없다. 너무 단정적이라고 말해도 독서 없이는 균형 잡힌 기독교 영성을 형성할 수 없다.

　영성을 우리가 한마디로 정의 내리기 어려운 단어다. 영성에 대해서 정의를 내려 보면 예수님을 닮아 가는 삶이다. 우리의 육체의 삶속에서 영적인 체험과 경험을 통해 전인격적인 변화와 삶이 영적으로 변화되어 가는 것을 의미한다. 우리의 궁극적인 신앙은 변화다. 예수님을 닮아 가는 것이다. 신앙의 큰 목표는 하나님의 모습을 닮아 가는 삶이다.

　영성이란 삶 속에서 불안한 내적 평화를 파괴하는 것을 직면했을 때 그것이 나의 삶에서 하나님을 몰아내고 나 자신을 가두었던 영역의 문을 다시 하나님께 내어 드리는 일이다. 영성은 내재적 파괴의 순간에 직면했을 때 하나님이 찾아와 우리의 영혼을 두드리시는 사건이다.

영적 생명은 은혜다. 영적이란 말은 육체의 삶과 상관없다는 말이 아니다. 영성 혹은 영적이란 말은 상식적인 사고로 동의되는 특별한 영적 체험과 영성의 경험을 의미한다. 좋은 영성은 상식적인 사고와 지적 경험으로 모든 사람들에게 동의가 되어야 한다. 가장 비판적인 사람들에게 동의되어야 균형 잡힌 영성이 된다. 기독교 영성이 세상으로부터 걱정거리가 되기 시작했다. 목사인 나도 동의하기 어려운 각종 비기독교적인 체험을 가지고 나와 영성이라고 우기기에 그렇다.

영성 형성에서 독서의 역할의 일련의 정보나 기법이나 방법이나 모델이 아니라 하나님과 나와의 존재 방식이다. 먼저 이성적, 인지적 능력을 통해 마음의 눈과 영으로 하나님을 대면하는 것이 독서다. 우리가 좀 더 깊은 존재적 차원에서 영성을 경험하고 발전시키기 위해 우리는 독서라는 거룩한 삶을 살아야 한다. 독서는 충분히 우리의 존재적 깊은 차원의 영성을 가르쳐 준다. 영성 형성의 여정은 어느 지점에서 순간적인 체험이나 경험으로 일어나는 일이 아니다. 영성 형성은 그리스도의 형상으로 나아가는 모든 일련의 점진적인 순간순간들이 모여 이루어 내는 일이다. 독서란 그 점진성과 영원성에서 가장 좋은 영성 형성의 순간들이다. 독서는 평생의 과정이며 평생의 과정이 더해져야 꽃을 피우는 것이 독서다.

결국 참된 영성 형성은 습관적인 욕구 충족을 기대하는 자세를 인내하며 순종하는 자세로 변화시킨다. 독서도 때로는 순종해야만 우리에게 결과물로 나타날 수 있다. 이런 과정 속에서 하나님의 피조물은 근본적인 모습으로 변화되어 간다.

독서는 우리에게 상식적인 사고와 지적 동의를 우리가 경험할 수 있도록 해 준다. 결국 기독교의 영성은 개인의 체험과 경험에 갇혀 있는 것이 아니라 공동체에서 모든 사람들이 함께 경험할 수 있는 영성이 되어야 한다.

영성이란 자기 개선을 위한 방법이나 기법 혹은 프로그램이 아니라 하나님과의 사랑의 관계이며 그 관계가 우리의 존재를 형성해 준다. 영성이나 혹은 영성 훈련의 행위는 결국 관계적 존재가 되는 데 목적이 있다. 가장 기본이 되는 관계적 존재는 하나님과 나와의 관계다. 영성이란 결국 하나님이 원하시는 대로 쓰임 받게 되는 변화다.

개인적인 체험과 경험의 영성으로 머문다면 그것은 신비주의다.

사람들에 의해 공감되고 경험되는 영성이라는 말의 의미는 이렇다.

우리의 말이 그리스도의 형상 안에서 온전하게 형성되는 것이 영성이다. 이런 영성은 우리의 말이 하나님의 말씀 안에서 표현되고 설명되는 것이 허락되면 이루어지는 일이다. 하나님에 의해 우리의 말이 허락되었다는 말은 요한복음 1장 1절 "태초에 말씀이 계시니라 말씀이 육신이 되어 우리 가운데 거하시매". 우리의 말로 하나님의 말씀이 표현되었다는 뜻이다.

결국 사람의 말로 하나님의 본질을 설명하게 되었다는 것을 의미한다. 우리의 전 존재는 이웃의 삶 속에 존재하도록 하나님이 공표하시는 말의 표현이다.

천년의 지혜 독서멘토링

하나님은 말씀하셨다. 말씀이신 하나님이 인간의 말과 언어와 글을 통해 하나님 되심을 설명하셨다. 인간이 가지고 있는 지적인 경험과 지적 통찰력을 통해서 사람의 말로 하나님을 경험하는 과정이 거룩한 독서다. 읽기다. 기독교의 영성은 읽기로부터 시작한다. 읽음이 영성이다. 교회의 문제를 해결하는 것도 읽음으로부터 시작된다. 읽지 않고 하나님을 알 수 없고 하나님의 뜻을 알 수 없다. 오독이란 읽어도 예수님을 볼 수 없고 예수님처럼 살 수 없는 것이 오독이다. 결국 영적 독서의 영역은 성경을 읽는 것이 우선이다. 또한 기독교 문학에 대해 조금이라도 관심이 있는 사람이라면 위대한 기독교 영성가들의 저술들 중 시, 소설, 연극, 음악에 이르기까지 모든 영역이 영적 독서의 대상이 된다. 문학 작품도 성경의 갈망과 묵상을 통해 흘러간 성경의 깊이 있는 생명을 소유하고 있다. 결국 많은 독서에 관한 책에서 성경과 영적 독서에 대한 방법을 이야기하는 것은 의미가 없다.

읽기의 방법보다 의미가 있는 것은 동기다. 읽기에 대한 동기가 분명할 때 성경과 기독교 문학 작품을 통해 영성을 형성해 가는 데 도움이 된다.

'하나님을 아는 신비에 대한 우리의 어떤 태도와 갈망이 하나님을 닮아 가는가?' 하는 진지한 물음과 동기로 책을 읽을 때 독서는 영성 형성을 향해 달려간다.

이런 태도가 오독을 방지한다. 기독교 영성에서 오독을 극복해야 한다. 오독을 극복하는 비결은 성경이 원하는 삶의 몸으로 살아 내는 것이다. 영성은 읽어서 깨달아서 삶으로 살아 내는 능력이다.

독서는 읽기를 통해 내가 누구인지를 인식하고 깨닫는 것이다. 결국 독서를 통해 책이 나를 읽고 내가 나를 읽어 내는 것이 독서다. 책을 읽으면 결국 책을 통해 내가 누구인지를 인지하고 인식하게 된다.

사람은 자신이 인지하는 인지적 나와 인지하지 못하는 무의식의 나로 존재한다. 우리의 습관, 관습, 태도, 교육, 사회적 인식, 개인적인 관계와 집단적 관계 등 세상에 대한 작용과 반작용 사이에 있는 의식적, 무의식적 존재인 나는 반은 패턴을 만들고 유지하고 방어한다. 이런 일련의 패턴들이 견고해지기 시작하면 하나님의 말씀과 은혜가 역사하기 어렵다. 이런 일련의 껍질들을 부수고 깨 버리는 것이 영성이다. 독서는 나의 의식적, 무의식적 자아로 형성된 껍질들을 깨 버리는 도구가 된다.

요한 웨슬리의 말에 따르면 "기독교인들이 극단적인 지성주의나 무모한 열광주의(신비주의)에 빠지지 않으려면 인간 실존의 지적이 차원과 정서적인 차원이 결합되어 상호 의존해야 한다"는 것이다.

영적 독서는 단순히 글을 읽는 것에만 끝나지 않고 영적인 방법으로 읽어 깊은 영혼까지 변화와 치료를 경험하는 독서를 말한다.

제2부

천년의 지혜
독서멘토링

이제 책을 읽기로 마음을 굳게 먹었다면 어떻게 하면 책을 잘 읽을 수 있을지 방법도 생각해야 한다. 무작정 읽어 내려가는 것도 좋다. 손에 잡히는 대로 닥치는 대로 읽어도 무방하다. 하지만 쉽게 읽을 수 있는 소설책과 천년의 지혜가 담긴 그리스 철학서를 읽는 것은 다르다. 자신만의 규칙과 리듬을 가지고 책을 읽으면 조금은 잘 읽을 수 있다. 자신만의 규칙과 리듬이 만들어지기 전 누군가의 방법을 살짝 들여다보는 것도 도움이 된다.

책을 읽은 정답이란 존재하지 않는다. 다만 잘 읽을 수 있는 각자의 경험과 차이만 있을 뿐이다. 책을 읽는 방법을 강요하는 책과 글이야 말로 피해야 하는 1순위의 책이다.

처음부터 나도 이렇게 책을 읽은 것은 아니다. 다만 3천 권의 책을 읽고 난 이후 책을 읽어 온 습관을 살펴보니 이런저런 규칙과 나름대로의 호흡과 리듬이 생겼을 뿐이다. 하지만 이것도 고집할 필요가 없다. 어느 날 책을 읽어 주는 어플은 또 다른 충격이었다. 운전을 하면

천년의 지혜 독서멘토링

서도 책을 읽을 수 있다니.

　가장 좋은 원칙은 책을 읽는 것이다. 이래도 좋고 저래도 좋다. 다만 꾸준히 읽을 수 있는 방법을 서로 공유하면 좋다. 어쨌든 3천 권을 읽어 내려간 방법이니 적어도 1천 권은 읽을 수 있지 않을까?

다독이 필요한가?

　다독의 필요성을 묻는다면 대답은 '필요하다'이다.

　폭넓게 자세히 읽고, 깊이 생각하고 밝게 변별하고, 읽은 후 행함이 필요하다.

　내가 살아온 시골에는 공동 우물이 있었다. 상수도가 개발되기 전 온 동네가 사용하는 공동 우물이 있었다. 우물은 가뭄이 들면 금방 메말라 새로운 수원을 찾아 우물을 팠다. 그때 마을 이장님의 크고 굵은 목소리를 잊을 수 없다.

　"넓게 파야 깊게 판다."

　이런 말과도 일맥상통할 만하다.

　"똥물이라도 차야 배가 뜬다."(어린 시절 할머니가 하시던 말인데 이젠 무슨 뜻인지 이해가 된다)

　어떤 경험이든 땅을 파 본 경험이 있다면 모두 공감할 것이다. 내가 원하는 만큼의 깊이를 파려면 넓게 파야 한다. 깊게 파기만 하면 쉽게 깊이에 다다를 수 없다. 파고자 하는 깊이에 가장 빨리 도달하는 방법은 깊게 파는 것이다. 독서도 마찬가지다. 독서의 목적은 변화와 성장과 성숙이다. 책을 읽는다는 것은 저자를 만난다는 것이다. 한 사람만 만나고 넓어질 수 없다. 수십, 수백, 수천을 만나야 넓어진다. 그 넓이에서 깊이가 나온다. 폭넓게 책을 읽다 보면 새로운 지식과 경험 체계가 쌓여 간다.

군이 넓게 읽는 독서에 대해 정의를 내리면 '왜 독서가 필요한지 알게 될 때까지 독서하는 것'이다.

독서란 새로운 것을 알고 그것을 내 삶에 적용하기 위해서 필요한 노력이다. 그 노력의 축적으로 새로운 삶의 방식이 생겨난 것이다. 독서하면 새로워진다. 그 새로운 삶의 방식이 넓어지도록 독서하는 것이 필요하다. 그렇게 넓게 독서하여 넓어졌다면 그곳에서 깊이 파 내려가면 된다.

깊이를 더하는 방법도 역시 더 많은 책을 읽는 방법밖에 없다. 물론 깊이를 더하려면 그 분야의 책을 집중해서 읽어야 한다. 깊이란 한 분야의 원리가 통째로 이해될 때까지 집중하는 것이다. 개인의 경험 차이가 있지만 전문 분야의 책을 30권 정도 읽으면 거의 대부분의 개념과 전문 지식을 습득할 수 있다. (지극히 개인적 의견이다)

물이 끓기 시작하는 그 순간, 물이 차고 넘쳐 흘러가는 그 순간, 열기구가 하늘로 날아 올라가는 그 순간의 변화를 임계점이라고 한다. 그 임계점을 넘어 이치와 문리가 트이는 순간을 맞이할 때 깊이가 생긴다.

깊이 있게 읽으려면 반드시 깊이 생각해야 한다. 얼굴이 사색이 될 때까지 사색해야 생각이 깊어질 수 있다.

한 단어, 한 문장이 스스로 항복할 때까지 생각의 생각을 더해 봐야 한다. 그렇게 더해진 생각과 생각을 한없이 덜어 내 한 단어와 한 글자로 단순화할 때까지 생각해 봐야 깊이가 생긴다.

고은 시인의 「그 꽃」에서 보여 주는 절제미는 간결한 표현을 통해 깊은 의미를 전달하는 데 있다. 시는 단 두 줄의 짧은 구절로 구성되어 있지만, 그 안에 인생의 중요한 깨달음과 통찰을 담고 있다.

내려가면서 보았던 꽃은 올라갈 때도 이미 존재한 꽃이었다. 단순한 구절은 말 그대로의 의미를 넘어, 인생의 상승과 하강, 성공과 실패, 희망과 좌절을 상징적으로 표현한다. 이러한 절제된 언어는 독자가 스스로의 경험과 감정을 투영하여 해석할 수 있게 하며, 시의 여운을 길게 남긴다.

깊이란 생각을 붙이고 덜어 내는 수만 번의 생각의 결과와 고통에서만 맛볼 수 있는 결과다. 독서는 넓게 그리고 깊게 읽어야 한다. 깊이는 깊은 생각에서 결과를 경험하게 된다.

넓게 읽는 독서란 무엇일까, 깊게 읽는 독서란 무엇인가 자신만의 정의를 내려야 한다.

독서의 의미와 정의를 온전히 내리면 독서 자체가 즐거워진다. 독서의 의미를 제대로 깨달으면 독서의 미래는 밝다. 당연히 독서가 즐

겁고 독서하는 삶을 살아가게 된다.

독서하는 사람은 자신이 쌓아 온 외적인 것을 모두 잃어도 스스로의 삶을 잃지 않고 진가를 드러낸다. 독서는 위기의 순간에 가장 빛을 발휘한다. 독서가 주는 가장 큰 혜택이다.

독서는 바닥으로 떨어졌을 때 위를 올려다보는 대신 기본으로 돌아가라고 가르쳐 준다. 기본으로 돌아갈 수 있는 힘을 주는 독서가 가장 힘든 시기에도 빛을 낼 수 있는 이유는 기본으로 돌아갈 방법을 알려주기 때문이다.

독서의 목적은 올바른 분별력을 얻는 것이다.

가장 무서운 독서는 편향된 독서다.

1925년 독일에서 한 권의 책이 출간되었다. 왜곡과 선동이 난무하고 내용조차도 조잡하여 이런 책이 과연 팔리기는 할까 출판사도 의문스러워했다. 초판을 500부만 찍어 냈지만 저자의 유명세와 함께 700만 부가 팔려 나갔다. 그 책이 바로 아돌프 히틀러의 『나의 투쟁』이다.

출판사에서조차 내용의 편협성과 역사인식의 심각한 왜곡으로 인해 기대하지 않았지만 히틀러의 책은 무려 570쇄를 찍었다. 그뿐 아니라 개인의 잘못된 선동이 인간의 어두운 욕망에 불을 지펴 2차 세계대전의 불쏘시개 역할을 했다. 독서에서 올바른 분별력이 필요한 이유다.

우리는 읽음으로써 타인의 관점을 획득하고 공감하게 된다. 하지만 분별력과 상상력이 결여된 독서는 우리의 뇌 속에 갇히게 된다. 결국 두개골 속 안에 갇혀 선입견이라는 거대한 폭군이 되어 인지 편향적인 거만한 폭군이 된다. 올바른 분별력을 얻기 위해서 우리는 3천 독서가 필요하다. 다양성과 확장성을 위해선 다양한 목소리를 들을 수 있어야 한다. 다양성과 확장성은 편향되지 않은 균형 잡힌 시각을 만들어 준다. 이때 균형 잡힌 시각으로 문제를 바라볼 때 우리는 분별력을 가질 수 있다.

결국 독서는 우리의 일상에서 무료하고, 뻔하며, 변함없는 초조함과 괴로움으로 가득 차 시작된 우리의 초기값으로 설정된 '나'를 부숴 버린다. 우리가 올바른 분별력을 상실하는 이유는 이렇게 설정된 '나'를 부수어 버릴 새로운 사고의 확장력 없이 판단하기 때문이다. 우리가 뻔한 결정, 잃어버린 분별력에서 벗어나지 못하는 것은 이미 맞추어져 버린 '나'의 시각으로 모든 것을 생각하기 때문이다.

결국 독서는 다른 이의 관점을 빌려 올 수 있다. 다른 이의 관점을 통해 어둡고 꽉 막힌 터널 같은 일상에 잠시 숨통을 틔워 줄 수 있다. 독서의 목적은 편협한 분별력 위에 무수한 상상력을 더해 뻔하고 당연함으로 바라본 세상에 유연함을 더해 주기 위함이다.

임계점을 넘어가는 독서를 하면 확증적 편향성에서 벗어날 수 있다. 읽으면 읽을수록 다양한 생각과 부딪히게 된다. 나의 시각에 갇혀버려 헤어나올 수 없었던 편향성에서 자연스럽게 벗어나 있는 나를 발견하게 된다. 어쩌면 세상에서 가장 무서운 사람이 책 한 권만 읽은 사람이다. 자기 분야의 책 이외에 다른 분야의 책을 읽지 않은 사람이다. 우린 성경 하나만으로 충분하다. 그것만으로도 이미 충분하지만 3천 독서가 필요한 이유는 성경을 대하는 우리의 확증 편향성에 균형을 가져오기 때문이다.

확증 편향성이란 다른 말로 하면 관성이다. 타성이다. 변화할 수 없는 우리의 게으름이다. 듣고 싶은 것만 들리고 보고 싶은 것만 보이는 인지 부조화다. 관성과 타성은 스스로의 힘으로는 그 궤도를 벗어날 수 없다. 관성과 타성을 부서 버리는 것이 독서다. 하지만 독서도 폭넓게, 깊이 있게 하지 못하면 그것 자체가 관성과 타성이 되어 자기 확증 편향성을 보인다. 결국 독서는 독이 되어 인지 부조화를 가져오는 결과를 만든다. 치열하게 사고를 확장할 수 있을 만큼 폭넓은 독서가 요구되는 이유다.

3천 독서쯤 되면 넓게 읽어야 한다는 의미를 굳이 설명할 필요가 없다. 독서의 임계점을 넘길 때가 되면 설명이 필요 없다. 넓게 독서를 한다는 것은 어느 정도 책을 읽어야 한다고 자세한 설명이 필요 없을 때까지 읽어야 한다는 말이다. 그것을 수치화하는 것은 사실 무의미하다. 어떤 이에게는 그것이 500권이 될 수도, 1천 권이 될 수도, 2천 권이 될 수도 있다. 하지만 분명한 것은 일정한 부분이 채워져야 흘러넘친다는 것이다. 흘러넘치는 정도가 되야 깊이가 생긴다. 흘러넘칠 수 없으면 깊이는 만들어지지 않는다. 채우고 가두면 반드시 흘러넘치는 것이 이치다. 흘러넘치도록 읽어야 한다. 아무리 강조해도 지나치지 않는 3천 독서의 제1원리다.

책에는 사람의 인생 이야기가 담겨 있다. 그 인생의 삶을 읽어 내려가는 것이 독서다. 독서는 먼저 읽을 수 있는 능력을 준다. 책의 내용을 온전히 읽어 내려가려면 먼저 저자를 읽어야 한다. 저자의 생각과 사고 속으로 들어가 저자를 존중해야 책을 읽어 내려갈 수 있다. 저자의 평범함이란 누구나 책을 읽고 책을 쓸 수 있다는 것이다. 하지만 저자의 비범함이란 아무나 책을 읽고, 아무나 책을 쓸 수 없다는 것이다.

결국 독서의 비범함은 평범함의 일상에서 영성의 삶을 살아 내는 것이다. 영성은 일상적으로 생각하듯 일상의 비범함을 뛰어넘음이다. 그러나 진짜 영성은 모든 사람들이 함께 공감하고 동의하는 영성이어야 한다. 지금까지 한국 교회의 영성이 세상과 괴리감이 있었던 것은 모든 사람들이 함께 동의하고 공감하기 어려운 부분이 있었기 때문이다. 한국적 영성은 지성이 무시되는 영성이었기에 미신적 영성에 가까웠다.

지성 없는 영성은 미신이다. 감성 없는 영성은 율법적이다. 차갑고

두렵고 무섭다. 실생활과 동떨어진 영성은 현실 도피적이며 신비주의다. 결국 독서는 균형 잡힌 영성의 삶이 무엇인지를 가르쳐 준다. 독서를 통한 영성은 지성, 영성, 감성, 실천까지 두루 강조하는 균형 잡힌 비범함이다.

독서의 비범함은 독서가 주는 열매로 가늠할 수 있다. 독서는 열매를 맺게 한다.

독서의 열매는 조금씩 쌓여 더디게 열매를 맺는다. 위대함은 단순에 이루어진 것처럼 보이지만 조금씩 쌓여 일상을, 시간을 뛰어넘을 때 나타난다. 독서의 열매는 임계점을 넘어서면 열매가 맺히기 시작한다.

위대함은 처음부터 남다른 것이 아니다. 더욱이 타고나는 것도 아니다. 하루하루 일상이 쌓이고 더해져 평범함을 뛰어넘는 비범함이 생길 때 위대함이 나타난다. 지난 7년 동안 매일 한 권 이상의 책을 읽고 하루를 마치고 나면 그 책과 대화를 시작하면서 평범함을 뛰어넘는 비범함이 시작되었다. 그 비범함이 한 해, 한 해 쌓여 시간이 지나면 위대함으로 나타나는 것이다.

결국 독서의 비범함이란 매일 일상에서 평범하게 읽어 왔던 독서의 습관이 무수히 반복된 시간을 거치며 마침내 드러내는 결과다.

독서의 비범함을 나는 일상의 삶에서 경험했다. 모든 물이 낮은 곳으로 모여들 듯이 책이 주는 지혜와 비범함을 모두 받아들이기 위한 낮아짐을 배웠다. 누군가는 낮아짐을 역경이라고 말하지만 역경은 결국 경력이 되어 역경을 만날 때마다 난 경력이 하나둘씩 늘어 갔다. 역경을 만날 때 어김없이 손에 잡은 책이 역경을 경력으로 만들어 버리는 마법을 경험했다.

　나는 분명하게 말할 수 있다. 역경을 만날 때 책과 함께하면 나에게 꼭 필요한 대체 불가능한 경력이 쌓인다. 그렇게 경력이 쌓이면 비범함에 이른다.

우리 신체에서 가장 게으른 신체는 뇌로 알려졌다. 뇌는 익숙해지면 게을러진다. 독서는 게을러진 뇌에 새로운 자극을 주어 뇌를 깨우는 일이다. 날마다 새로운 자극을 주지 않으면 우리의 뇌는 게으름을 탈피하지 못한다. 뇌의 게으름을 탈피하는 방법도 독서다. 독서는 온몸으로 책을 읽도록 한다. 온몸이 반응하기 시작하면 우리의 뇌도 다시 깨어난다.

그래서 독서란 무엇인가? 눈으로 읽다가 입으로 읽다가 뇌로 읽다가 마침내 온몸으로 읽는 것이다. 보는 것도 방법에 따라 보는 것이 달라진다.

눈으로 책을 본다는 것은 한자로 '견(볼 견)'이다. 여기에서 견은 보는 것이다. 보이는 대로 보는 것이 견이다. 견의 눈으로 보면 우리에게 의견과 견해를 가질 수 있다. 이렇게 보는 견은 보는 사람과 각도에 따라 많은 차이를 가져올 수 있다.

또 다른 눈으로 책을 보는 것이 '시(볼 시)'다. 이렇게 보는 것은 다르게 보는 차이를 만들어 낸다. 이렇게 보는 것은 좌, 우, 앞, 뒤에서 보는 것처럼 완전히 다른 시각 차를 보여 준다. 이것은 단순히 눈으로만 보는 것이 아니라 주변의 환경과 상황을 이해하며 보는 것을 의미한다. 높낮이를 이용해서 봐야 하며 앞뒤, 좌우를 살펴봐야 한다.

또 다르게 독서하여 보는 것은 '볼 관'이다. 이렇게 보는 것은 온몸의 모든 신경과 감각을 총동원해서 보는 것을 의미한다. 먹이를 바라보는 독수리가 보는 관점에서 바라보는 것이 관이다. 먹잇감이 지금 어떻게 움직일지 바라보는 것이다. 상대의 움직임을 정확하게 볼 수 있는 눈이 관이다. 이렇게 보려면 우리의 모든 신경과 감각을 동원해서 봐야 볼 수 있다. 이렇게 다양하게 봐야 시각 차가 생기고 관점이 생기며 시점이 발생한다. 독서를 잘한다는 것은 다양한 눈으로 보는 것을 의미한다. 이렇게 다양한 눈으로 독서를 하게 되면 우리의 또 다른 눈이 떠진다.

우리의 육신의 눈 육안과, 마음의 눈 심안, 영적인 눈인 영안이 밝아지게 된다. 육의 눈으로 읽으면 육에 필요한 부분을 채울 수 있다. 육의 눈을 통해 필요한 정보와 지식을 얻어 낼 수 있다. 일상적으로 공교육을 통해 우리가 경험하게 되는 독서의 눈은 육안의 눈이다. 우리에게 3천 독서가 필요한 것은 육안의 눈으로 보던 책을 심안으로 보기 위함이다. 임계점을 넘어가면 육안으로 보이지 않는 심안이 열리기 시작한다. 심안이 열리면 마음으로 책을 읽게 된다. 심안으로 읽게 되면 본질적으로 보이지 않던 것이 보인다. 심안으로 보는 세계는 본질적으로 보이는 것과 다른 더 넓은 세계와 세상을 보여 준다.

심안이 가장 발달한 사람들이 있다면 시인과 작가들이다. 시인들의 탁월한 심안을 함께 느껴 보는 것은 즐거움이다. 안도현 시인과 장석주 시인 외에도 탁월한 심안을 가진 시인들이 많이 있지만 이들의 시가 널리 알려져 있기에 공감이 쉽다. 연탄과 대추를 심안의 눈으로 들여다보면 놀라운 사실을 발견하게 된다.

안도현 시인의 「너에게 묻는다」는 단순히 연탄재를 차지 말라는 경고를 넘어선다. 연탄재라는 단순한 물리적 소재에서 인생의 깊이를 탐구하고 심안의 눈으로 들여다본 작품이다. 시인은 다 타 버리고 꺼져 버린 연탄을 통해서 인간의 존재와 열정을 바라본다. 한때 활활 타올랐을 연탄을 꿈꾸는 존재와 의미로 바라보는 심안을 보여 준다.

시의 첫 구절 "너는 누구에게 한 번이라도 뜨거운 사람이었느냐"는 식어 버린 인간의 열정에 강한 자성을 요구한다. 꺼져 버린 연탄재에서 인간 존재의 열정을 볼 수 있는 심안이 무엇인지를 보여 준다. "온몸이 벌겋게 달아오르기를 나도 느껴 보고 싶은 것이다"는 다시 한번 느껴 보고 싶은 인간 존재의 의미를 심안의 눈으로 설명하고 있다.

장석주의 시 「대추 한 알」에서도 시인이 가지고 있는 심안의 미학을 발견할 수 있다. 시인은 첫 구절에서 "저게 저절로 붉어질 리는 없다"고 설명한다. 단순한 자연 현상을 넘어 심안의 눈으로 봐야만 볼 수 있는 요소가 있음을 시사한다. "저 안에 태풍 몇 개, 저 안에 천둥 몇 개, 저 안에 벼락 몇 개"는 단순한 물리적 자연 현상을 의미하지 않는다.

"저 안의 무서리 내리는 몇 밤, 저 안에 땡볕 두어 달, 저 안에 초승달 몇 날이 들어서서"라는 시인의 노래는 물리적인 시간과 고통 그 이상의 심안으로 봐야만 볼 수 있는 고통과 인고의 세월이 만들어 낸 변화를 보여 준다. 단순한 성장이 아닌 성숙함이 무엇인지 심안의 눈으로 봐야만 설명되는 것을 대추를 관통하여 본 심안으로 설명하고 있다.

육안의 눈으로 보면 다 타 버린 연탄은 그저 쓰레기일 뿐이다. 육안의 눈으로 보면 그저 대추 하나일 뿐이다. 심안으로 봐야 연탄의 희생과 열정을 볼 수 있다. 심안으로 봐야 대추 한 알 속에 들어 있는 만물의 생명을 발견하게 된다. 심안의 눈으로 볼 때 우리는 독서를 통해서 새로운 삶의 변화가 시작될 수 있다. 심안의 눈으로 보게 되면 사람의 마음을 볼 수 있게 된다. 사람의 마음을 꿰뚫어보게 된다. 심안의 눈을 가진 사람들이 사람들의 마음을 위로할 수 있는 것은 이 때문이다. 목회자라면 적어도 심안의 눈을 가질 수 있어야 한다. 하지만 심안의 눈만 열리면 절대로 영적인 눈을 가질 수 없다. 심안의 눈을 넘어 영안이 열려야 한다. 영안은 영적인 눈이다. 독서는 영안이 열리기 위해 반드시 필요하다.

영안이 열려야 읽을 수 있다.

"태초에 하나님이 천지를 창조하시니라"
– 창세기 1장 1절

천년의 지혜 독서멘토링

창세기 1장 1절을 우리는 세 가지 눈으로 읽을 수 있다. 육안의 눈으로, 심안의 눈으로, 영안의 눈으로 읽으면 결과는 엄청나게 달라진다. 시각과 견해와 관점이 달라질 수 있다. 시각과 견해와 관점에 따라 육안과 심안의 해석이 다양해질 수 있다. 그래서 영적인 시각, 영안이 필요하다. 성경 말씀은 영안으로 봐야 한다. 독서는 영안을 열어준다. 3천 독서는 육안을 통해 심안을 단련하고 심안의 통해 영안으로 보는 훈련과 과정이다. 눈은 세계를 읽어 내려가는 통로다. 육안을 넘어 심안의 세계를 발견하고 심안을 통해 사물의 가장 본질적인 영적 질서를 발견하게 된다면 새로운 세계와 세상을 마주하게 된다. 영안은 보이지 않는 영적 세계를 설명하고 이해하는 유일한 눈이다. 영안은 풀리지 않는 신비와 수수께끼와 같은 인생을 이해하는 눈이다.

진정한 독서는 어느 날 자연스럽게 영안이 떠지는 경험이다.

나에게 힘이 되는 독서란?

독서의 목적은 독서를 통해 힘을 얻기 위함이다. 독서는 견디는 힘을 준다. 독서는 성장할 수 있는 에너지를 제공한다.

끊임없이 성장하고 싶다면 성장이 동력이 되는 에너지를 공급 받아야 한다. 독서는 보이지 않는 곳에서 우리의 성장을 돕는다. 성장의 단계는 크게 3가지로 생각할 수 있다. 육체의 성장, 내면의 성장, 영적 성장이다. 육체의 성장은 육체에 필요한 것을 공급하면 성장한다. 필요한 영양소를 적재적소에 공급하면 우리 육체는 성장하고 자란다. 내면의 성장은 육체의 성장에 비례하지 않는다. 내면의 성장을 위해서 필요한 것을 공급해야 한다. 지적 성장을 위해 지석인 공급이 필요하다. 감정의 성장을 위해 필요한 감정적 공급이 필요하다. 영적 성장을 위해 영적인 공급이 필요한 것은 당연한 일이다.

독서는 내면의 성장과 영적 성장에 필요한 것을 공급한다. 끊임없는 성장과 성숙을 바란다면 책에 깊이 뿌리를 박고 끊임없이 성장을 위한 진액들을 빨아올리는 것이 필요하다. 나에게 힘이 되는 독서란 그런 의미에서 척박한 환경에서도 순조롭지 못한 출발과 환경을 능히 극복할 수 있는 힘을 주는 독서다. 척박한 곳에서 자란 생명체는 단단하다. 물 한 방울 얻기 어려운 사막의 뱀과 전갈은 독성이 강하다. 내가 살고 있는 캘리포니아의 사막에 서식하는 방울뱀의 독성은 강력하다. 그 강력함은 척박한 곳에서 살아남기 위한 유일한 방법이다. 치명적인 독성으로 먹이를 한 번에 제압해야만 자신에게 필요한 먹잇감을 구할 수 있다.

나에게 힘이 되는 독서란 이와 같다. 강력한 한 줄로 또는 강력한 한 단어의 울림으로 내 몸과 영혼을 깨우고 상대를 한 번에 제압할 수 있는 강렬한 울림이 있는 독서다.

그런 강력함은 한 번에 만들어지지 않는다. 나무의 나이테를 보면 나무는 옆으로 자란다. 어려운 시기일수록 나이테는 촘촘하게 만들어진다. 간격이 넓어진 나이테의 간격은 환경이 좋았음을 보여 준다. 촘촘하게 만들어진 나이테 기간은 아주 천천히 자라나 조직이 치밀해지고 색깔도 진해지며 밀도가 아주 높은 건강함이 생긴다. 이 조직이 나무를 건디게 하며 지탱한다. 나에게 도움이 되는 독서란 물렁물렁한 우리의 조직에 조밀한 치밀함과 단단함을 주는 독서다. 숭숭 뚫려 있는 빈 공간을 빽빽하게 채워 단단함으로 버티게 해 줄 수 있는 시간과 노력이 필요하다. 외부의 환경과 상황이 어려울 때 나무는 단단한 나무의 조직을 만든다. 고통과 고난의 시간에서 읽어 낸 독서도 단단함을 만들어 준다. 나에게 힘이 되는 독서는 우리를 버티게 해 주는 버팀목 같은 독서다. 단기간 촘촘하게 우리의 빈자리를 메꿀 수 있는 독서는 우리에게 좋은 독서다. 우리의 지식이 다른 곳으로 휘발되어 빠져 버리기 전에 서로가 서로를 촘촘히 붙잡아 매는 독서는 우리에게 힘이 되는 독서다.

옆으로 자라난 나이테의 질이 결국 위로 자라는 높이와 밑으로 자라는 뿌리의 질을 결정한다. 건강한 자람을 통해 균형을 맞추는 독서가 결국 우리에게 힘이 되는 독서가 된다.

사람들도 저마다 자신들이 환경과 상황 속에서 삶을 살기에 각각 살아가는 간격은 다르다. 나이를 좀 먹는 것은 괜찮지만 삶의 간극을 채우지 못하고 나이를 먹어 가면 인생을 좀먹는 일이 생길 수 있다. 우리 인생이 좀먹지 않도록 그 간격을 단단하고 밀도 있게 만들어 놓아야 한다. 이렇게 우리의 내면과 영혼을 밀도 있게 만들어 주는 독서가 나에게 힘이 되는 독서가 된다. 나의 인생도 남의 인생도 좀먹는 인생이 되지 않도록 나의 모든 사람들에게 힘을 줄 수 있는 독서를 선택해야 한다.

나에게 힘이 되는 진짜 독서는 3천 권의 책을 읽는 열정으로 책 한 권을 새기며 읽는 것이다.

남에게 보이기 위한 독서는 자신을 과시하고 지적 교만으로 향한다. 오직 자신의 성공만을 위한 독서가 된다. 하지만 자신을 위한 독서는 스스로의 변화와 성숙을 목적으로 해야 한다. 성공이란 정의도 다시 한번 내려야 한다. 자신을 세상이 알아주는 것을 성공이라고 한

천년의 지혜 독서멘토링

다면 진짜 독서는 세상이 자신을 알아주지 않아도 세상에 분노하지 않게 한다.

세상을 향한 분노가 있어도 아무런 장애가 되지 않는다. 진짜 독서를 시작하면 세상을 향한 분노도 독서를 향한 새로운 에너지를 제공하는 동기가 될 수 있다. 그래서 나에게 힘이 되는 독서는 자신의 감정으로 시작된 독서가 다른 사람에게까지 영향을 주지 않도록 새로운 에너지로 변화를 경험하게 하는 독서다. 그런 독서는 절대로 독선으로 흐르지 않는다.

독서해서 남 주자

　독서의 목적은 나를 튼튼히 만들고 나를 살찌우는 것이다. 나를 살찌우고 나를 튼튼히 하려는 이유는 나를 통해 좋은 영향력을 미치기 위함이다. 독서는 나를 위한 것이다. 그러나 독서의 목적은 독서해서 남을 주어야 하는 것이다. 독서의 본질은 내가 아닌 너다. 책의 본질을 생각해 보면 독서는 남에게 주기 위한 행위라는 것을 알아야 한다. 책은 자신의 가지고 있는 지식과 정보를 나누기 위함이다. 이기심을 극복하여 이타심을 가지지 않으면 독서라는 행위가 나올 수 없다. 독서가 나를 뛰어넘어 우리가 되어야 하는 이유는 나무 하나로는 숲을 만들 수 없는 것과 같다. 독서해서 남을 주지 않으면 종국에는 외로운 나무가 된다. 외로운 나무는 절대로 숲을 만들지 못한다. 외로운 나무의 대명사가 있다면 은행나무다. 은행나무는 생명력이 강한 나무다. 2억 년 전에도 은행나무가 존재했다고 하니 은행나무의 생명력이란 매우 강력한 것이다. 은행나무는 존재만으로도 대단한 나무다. 은행나무의 잎은 벌레가 생기지 않는다. 그 잎 속에 강력한 살충력이 존재하기에 벌레가 잎사귀를 먹지 못한다. 은행나무의 잎을 책 속에 넣어두면 예쁜 책갈피가 된다. 또한 은행나무 잎에서 나오는 강력한 살균 작용으로 책에 좀이 슬지 못한다.

은행의 열매는 매우 고약한 냄새를 가지고 있다. 그 열매를 다른 동물들이 먹지 못한다. 설령 그 열매를 먹었다 해도 단단한 껍질 때문에 소화되지 못한다. 결국 은행나무의 씨앗은 주변으로 퍼져 나가 군락을 이루지 못한다. 하지만 강력한 생명력으로 은행나무는 수천 년을 산다. 하지만 은행나무는 스스로 군락을 만들지 못한다. 결국 혼자서 쓸쓸히 몇천 년을 살아야 하는 극심한 외로움에 처한다. 은행나무가 외로움의 상징 혹은 오랜 기다림의 상징이 된 이유다. 나누지 못하면 외롭다.

잎사귀도 주고, 뿌리도 나누고, 꽃가루를 나누고, 열매를 나누어야 군락을 이룰 수 있다. 독서해서 남을 주어야 하는 이유다. 독서하여 홀로 독하면 고독할 수밖에 없다. 독서를 잘하려면 독서해서 남을 주어야 한다. 독서의 늪에 빠져 독서를 나누지 못하면 결국 스스로 고립된다. 숲을 만들지 못한다. 결국 나누지 못한 은행나무는 2억 년이 지난 지금 유일하게 단 1속 1종만 살아남은 나무가 되었다. 홀로 독하는 것은 강력함이지만 극심한 외로움이다. 독서는 나눔을 전제로 독서해야 한다. 힘껏 읽어 힘껏 나누자. 내가 나누고자 할 때 독서할 수 있다.

고전이 주는 경고

고전은 누구나 알고 있지만 나는 절대 읽어 보지 않은 책이라고 한다. 또 어떤 이들은 누구나 읽었는데 나만 읽지 않아 고전하게 되는 책이라고들 한다. 고전이라고 불리는 책은 오랜 인고의 시간 동안 인류의 역사 속에서 살아남은 책이다. 세기의 역사를 지나면서 온 인류에게 읽혀 온 책인 만큼 고전이 가지고 있는 유산은 어마어마하다. 많은 이들이 단순에 독서의 고지에 오르려 고전에 도전한다.

하지만 고전을 만나 고전하는 독서가들을 본다. 먼 산에 도달하기 위해 앞산을 먼저 넘어야 하고 앞산을 앞에 두고 먼 산만을 바라보면 먼 산에 도달하기 어렵다. 어느 날 갑자기 고전부터 읽기 시작하는 독서가는 없다. 어느 날 갑자기 위대한 사람이 생겨나지 않는 것과 같다. 어느 날 갑자기 위엄을 달성하고 높은 산을 정복하는 것이 아니다. 매일매일 작은 경험과 성공이 모여 고전이라는 큰 산을 정복할 수 있다. 진지하지만 매일매일 반복하는 도전이 모여 고전이라는 큰 산을 정복할 수 있다.

천년의 지혜 독서멘토링

'우공이산'은 어리석은 노인이 산을 움직인다는 말이다. 어리석은 노인처럼 고전의 산을 정복하겠다는 마음으로 매일매일 한 줌씩이라도 고전에 도전해야 고전하더라도 고지에 오를 수 있다.

'동고자비'란 높은 곳에 오르려면 낮은 곳에서부터 시작해야 한다는 말이다. 처음부터 갑자기 정상을 정복하기 어렵다. 지금 눈앞에 놓여 있는 것부터 한 발자국 시작하는 것이 정상에 서는 큰 걸음이다.

정작 중요한 것은 얼마나 빨리 고전을 정복할 수 있느냐가 아니다. 그 목적지로 가는 여정에서 왜 이 책을 모든 인류가 극찬을 아끼지 않고 현재까지 남겨져 왔는가를 체득하는 것이다. 오늘 고전 앞에서 고전을 면치 못했다면 내일 또 도전하면 된다. 그렇게 분명한 목표를 가지고 도전하면 반드시 고전하던 고전을 정복하는 기쁨을 누리게 될 것이다.

고전을 읽은 것이 독서의 왕도인 것처럼 말하는 이들이 있다. 그러나 고전이라는 권위에 갇히는 순간 진짜 고전하게 된다.

우리가 무지개 색을 7가지 색깔로 가두어 버리면 다른 것 이상을 생각하지 못한다. 빨, 주, 노, 초, 파, 남, 보라색의 일곱 빛깔 무지개는 생각 속에 갇혀 버린 우리 일상의 고전하는 삶을 그대로 보여 준다. 무지개 색을 6개로 혹은 5개로 그리는 나라들도 많다.

한국 사람들이 빨강색을 나쁜 색이라고 가두어 버리니 결국 빨강색이 세상을 가두는 일이 벌어진다. 이런 일은 우리가 고전을 대할 때 조심해야 할 일이다.

잠시 미술시간. 여러분들에게 집을 그리라는 선생님의 요청이 있었다. 잠시 머리로 집을 그려 보자. (책 읽기를 멈추고 집을 그려 보라)

어디서부터 집을 그렸나?

그럼 이제 공사 현장으로 돌아가 여러분들이 그린 순서대로 집을 지어 보자. 그럼 그 집을 지을 수 있을까?

대부분 집을 그리라는 요청에 지붕부터 그렸을 것이다. 하지만 지붕부터 집을 지을 수는 없는 노릇이다. 현장에서 그림을 그렸다면 기초부터 기둥을 세우고 지붕은 맨 마지막 공정으로 세웠을 것이다.

고전도 마찬가지다. 기초부터 이해하는 노력이 필요하다. 시대와 배경과 역사적인 사건과 인물의 배경과 이 책을 쓰기까지 있었던 사건과 배경을 이해하는 데에도 수많은 시간이 필요하다. 그러기에 고전 읽기는 한 세기를 넘어 인류 역사의 얽혀 있는 많은 이야기와 사건들을 이해하는 것이 필요하다. 결국 고전은 반드시 도달해야 하는 우리의 목적지인 것은 분명하지만 지금 당장 정복하지 못했어도 비난받을 만한 목적지는 아니다. 현장을 가야 현실을 이해하고 설명 가능한 것처럼 고전의 진실을 파헤치려면 현장에서 고전을 만나야 한다. 현장에서의 고민과 고전한 삶을 가지고 고전 앞에 서면 고전이 주는 깊은 맛을 경험할 수 있다.

천년의 지혜 독서멘토링

독서와 소통

음식물이 몸 안에 정체되면 몸이 힘들다. 마찬가지로 지식이 우리 생각 속에 정체되면 세상과의 소통이 힘들어진다. 소통하지 못하면 고통이 된다. 고통은 소통의 실패로부터 시작된다. 사람들이 가리키는 길에 뛰어들었지만 그 넓은 길에서 길을 찾지 못하는 허망함을 경험했다. 그때마다 사람들이 몰려가는 방향으로 함께 열심히 뛰다 보니 심각한 위기가 왔다. 나이 30이 되어도 무엇을 해야 하는지 알지 못했다. 아니, 진짜 내가 원하는 것이 무엇인지 내면의 나와 이야기해도 길을 발견하지 못했다. 소통의 부재란 나와 내면의 내가 서로 소통하지 못하는 일이다. 내면의 길을 찾지 못하는 나의 심각한 혼란과 혼동이 불통의 시작이다. 결국 나와 내면의 나를 통하게 하는 것이 소통의 시작이며 책은 내면의 나와 나를 소통하게 하는 접점이 된다.

계속해서 방법만을 찾아 헤매던 나에게 책은 내면의 나에게 방법보다 방향이 중요하다고 가르쳐 준다. 그런 나의 내면이 나에게 진짜 중요한 것이 방법이 아닌 방향임을 말해 주는 것이 진정한 소통이다. 나와 나의 내면이 소통하기 시작하면 이미 세상과 나의 소통은 시작되고 있는 것이다. 방법이 아닌 방향을 향해 나아가는 나의 내면과 나는 세상에서 가야 할 방향을 보여 준다. 방향만 올바로 선택해도 소통은 한결 수월하다. 참으로 다행인 것은 책은 한 가지 방향만 있다고 말하지 않는다는 것이다. 지금까지 나는 한 가지 방법만 있다고 배워 왔다. 방향성을 잃었다는 것은 결국 방법에만 매달려 온 삶에서 나타나는 당연한 부작용이다. 독서는 결국 우리에게 다양한 방향이 있음을 알려 준다. 결국 방법을 찾을 것이 아니라 방향을 찾아야 한다.

멘토란 방법을 가르쳐 주는 사람이 아니라 인생에 다양한 방법이 있음을 제시해 주는 사람이다. 방법을 가르치려 들면서 멘토라고 하는 사람은 멘토가 무엇인지 모르는 사람이다. 멘토는 자신이 걸어온 삶의 방향도 꽤 괜찮았음을 몸소 보여 줘 방향을 잃은 이들에게 이런 방향도 있음을 제시한다. 나는 멘토로부터 배웠다. 멘토는 가르치는 사람이 아니라 가리키는 사람임을 배웠다. 그냥 책 한 권 툭 던졌을 뿐인데 나는 좋은 길을 발견했다. 그렇게 길을 발견하니 그 길을 가는 사람들과 함께 공감할 수 있는 능력이 생겼다. 그 접점에서 완전한 소통이 이루어진다.

그 접점에 서면 멘토와 어떤 말을 하지 않아도 그 무언의 침묵 속에서 완전한 소통이 이루어진다. 독서는 소통이다.

소통의 능력은 원만한 의사소통의 진행능력이지만 진정한 소통능력은 불화와 맞닥트릴 때 문제를 해결해 나가는 지혜다. 이런 지혜

천년의 지혜 독서멘토링

는 교실과 학교에서 가르쳐 주지 않는다. 몸으로 부딪히고 예기치 못한 상황에서 긴급하게 대처할 수 있는 감각으로부터 얻는 능력이다. 진정한 소통에서 우리는 소통의 신속함도 중요하지만 소통의 밀도와 소통의 강도가 더 중요하다. 소통을 신속함과 빈도로만 생각하면 소통의 깊이와 진정성이 훼손될 수 있다. 독서가 대화를 넘어 진정한 소통이 되려면 책과 교감하는 밀도와 친밀감의 강도를 높여야 한다. 결국 소통은 우리가 사용하는 언어뿐만 아니라 그 언어를 나누며 함께 공감해 가는 친밀감 속에서 진정한 소통의 능력이 생겨난다.

독서의 자세

마음과 생각은 우리의 자세와 태도에서 드러난다. 마찬가지로 자세와 태도는 또한 우리의 마음을 지배한다. 가장 나쁜 독서의 자세는 너무나도 빠른 지름길을 독서를 통해 얻으려는 것이다. 책은 우리에게 길을 보여 주고 제시하지만 지름길을 가르쳐 주는 것은 아니다. 책은 지름길을 이야기하지 않는다. 느려도 가야 할 길을 가르쳐 준다. 책은 조급한 사람에게 쉽게 길을 보여 주지 않는다. 느려도 답이 없어 보여도 책에게 길을 묻는 사람에게 책은 길을 보여 준다. 아무도 가 보지 않은 길을 기꺼이 가 보겠다고 결단하는 사람에게 책은 조심스럽게 그 새로운 길을 기꺼이 제시한다. 비록 그 길이 사하라사막과 같은 길이라도 독서는 그 사막 속에도 길이 있음을 알려 준다.

독서에도 용기가 필요하다. 독서에도 결단이 필요하다. 마찬가지로 결단에도 독서가 필요하다.

비판을 위한 비판이 아닌 생산적인 비판이 필요하다. 생산적인 비

천년의 지혜 독서멘토링

판의 자세로 책을 읽는 것은 저자에 대한 최고의 자세다. 저자에 대한
최고의 예의다.

가장 나쁜 독서의 자세?

 결과물을 만들어 내야 하는 독서, 점수를 받아 내야 하는 독서, 학
점과 스펙을 쌓기 위한 독서는 독이 되는 독서다. 세상에서 가장 실패
한 독서는 책을 읽은 후 어떤 질문도 할 수 없는 독서다. 질문하지 않
으며 읽는 독서는 의미가 없다. 독서를 통해 우리는 답을 얻기도 하지
만 정작 중요한 것은 또 다른 질문 거리를 얻는 것이다. 21세기에 문
맹자는 읽지 않는 사람과 질문하지 않는 사람이다. 질문이 없으면 생
각하지 않고, 생각하지 않으면 읽지 않고, 읽지 않으면 질문할 수 없
다. 독서를 하는데도 저자에 대한 질문과 궁금증이 생겨나지 않는다
면 나의 독서를 다시 바로잡아야 한다. 질문하며 읽은 책은 즉시로 답
을 얻어 내지 못해도 또 다른 곳에서 답을 찾아보기 위한 모험을 계속
할 수 있다. 하지만 질문이 없는 독서는 노동으로 끝을 맺는다.
 노동과 운동이 다르듯이 질문이 없는 독서는 질적으로 다르다. 노
동으로서의 독서는 재미와 의미가 있을 수 없다. 새로운 질문과 의문
이 생겨나는 독서는 자기다움을 만들어 가는 흥미로운 놀이와 창작
으로서의 독서가 된다. 이런 독서가 진짜 독서가 되고 변화가 시작된

다. 인류의 발전은 의문과 질문으로부터 시작되어 의문과 질문에 대한 대안을 제시하면서 변화되고 발전되었다.

주입식 독서 역시 잘못된 독서다. 주입식이 나쁘다는 비판마저 혹 주입식으로 받아들였다면 이것은 최악이다. 독서가 필요하다는 것도 주입식으로 받아들여진 결과라면 이런 독서는 최악의 독서가 된다. 주입식 학습의 최고 약점은 낯선 경험에서 그 학습의 효과를 얻어 낼 수 없다는 것이다. 독서는 낯선 삶에 대한 부딪힘이다. 일상에서 만나는 루틴 속에서 사람들은 질문하거나 생각하지 않는다. 낯선 환경과 삶을 만나야 비로소 질문하기 시작한다. 무엇이 잘못인지? 해결책은 무엇인지? 어디서부터 고쳐 나가야 하는지? 책의 결말도 저자의 생각도 표현력도 주입식으로 읽어 내려 버리면 저자가 숨겨 놓은 낯선 현장에서 독자는 당황할 수밖에 없다. 낯선 불편함이다. 익숙하지 않음에 반응하는 거부감이다. 독서는 이런 거부감을 수용하며 이겨 나가는 능력을 준다. 거친 낯섦의 상황 없이 주입식으로 읽은 책은 어떤 자극도 줄 수 없다.

책을 읽은 숫자로만 가치를 둘 때 가장 나쁜 독서의 습관이 된다. 아무리 많은 책을 읽어도 내 삶의 변화가 없다면 그것은 나쁜 독서가 된다. 이런 독서는 독서가 독이 되어 사람들을 찌르기 시작한다. 변화가 없는 지식과 상식을 다른 사람들을 비판하고 공격하기에 가장 좋

천년의 지혜 독서멘토링

은 무기가 된다.

책을 많이 읽은 것이 자랑거리지만 오만과 독선의 자랑이 되어선 안 된다. 책의 질이 책의 두께에 달려 있는 것이 아니듯 독서의 가치는 책을 많이 읽은 것으로 결정되진 않는다. 책을 읽어 낸 만큼 깊은 사유와 몸으로 체득하는 경험이 있어야 한다. 온몸으로 녹여낸 책의 경험이 색다른 나만의 값진 깨달음으로 돌아와야 힘이 되는 독서가 된다. 깊은 사유 없이 읽어 내려가기만 하는 독서는 단지 공허한 시간의 허비일 뿐이다. 깊은 사유 없이 읽는 독서, 몸으로 체득함 없는 분량이 많은 독서는 단지 자료를 모으고 데이터를 분석하고, 정보를 가공하는 수집가에 불과하다. 책을 수집하기 위해 독서하는 것은 의미가 없는 독서다. 독서의 힘은 책을 수집해 놓은 양으로 측정되는 것이 아니라 독서를 통해 얻어 낸 자료와 정보들을 재융합하고 탄생시켜 새로운 창조의 규칙과 길을 발견해 내는 데 있다.

독서는 매일매일 하나씩 채워서 매일매일 하나씩 버리는 것이다.

독서가 앎에서 그치면 배움도 책이라는 감옥 속에 갇히게 된다. 독서를 통해 배운 대로 실천하고 노력하지 않고 책을 덮어 버리면 우리도 그 책 속에 갇힌 것이 된다. 책 속에 오히려 우리를 가두는 삶이 너무나도 많다. 책을 덮었다면 책이 주는 교훈대로 살아 내야만 산책이 될 수 있다. 그렇지 않고 덮어 버린 책은 다시 열고 나올 수 없는 감옥이다. 그렇지 않고 책장에 끼워 넣은 책은 다시 열리지 않는 지옥이 된다. 이렇게 스스로 책 속에 매몰돼 버리면 결코 책을 읽을 수 없다. 한 책에 매몰돼 버리면 다양한 책을 읽는 것이 어려워진다. 책에 대한 오해와 편식이 생겨 결국 편협한 독서가 된다. 좋은 독서를 원한다면 소화되지 않는 부분은 과감하게 도전과 앎의 영역으로 남겨 두어도 좋다. 사유가 쌓이고 독서의 통합이 이루어지면 정복하지 못했던 분야의 책들도 어느덧 충분히 사유하여 받아들일 수 있게 된다.

그렇다면 진짜 독서란 무엇일까?

물고기를 주는 것이 아니라 물고기 잡는 법을 가르쳐 주는 것이라고 했다. 하지만 독서는 물고기 잡는 법을 가르쳐 주고 물고기가 사는 바다가 있다는 것을 가르쳐 주는 것이다. 배를 만들고 닻줄로 부두에 묶어 두는 것이 아니라 힘차게 바다를 향해 닻줄을 끊어 내는 것이다.

독서는 바다를 보여 주어 무한한 상상력과 도전이 일어나도록 만드는 일이다. 바다를 처음 본 사람들이 느끼는 환호와 감탄이다. 밀려오는 파도를 보며 바다의 크기를 가늠해 보는 즐거운 상상력이다.

물고기를 잡기 위해 낚싯대나 그물을 만드는 것보다 바다로 나가기 위해 배를 만들고 항해술을 익히는 것은 다르다. 배를 만들어 직접 바다로 나가는 것은 또 다른 세계가 무한대로 펼쳐진다는 것이다. 독서란 파도를 거스르는 일이며 수평선 너머에 또 다른 세계와 세상이 있다는 것을 가르쳐 주는 것이다. 독서는 수평선 너머를 볼 수 있는 망원경을 손에 쥐여 주는 것이다. 몰아치는 파도가 나를 거스르는 물리적인 저항이 파도에 몸을 맡기면 바다와 하나가 됨을 알려 준다.

책은 어떤 존재인가?

가장 편안한 존재이면서 또한 가장 번거로운 존재다. 책은 한없이 가벼운 존재이지만 태산만큼 무거운 존재다.

책은 독자를 나무라지 않는다. 어떻게 대하든 책은 독자의 습관과 습성을 온몸으로 받아들인다. 심지어 책을 라면 끓인 냄비 받침으로 쓸지라도 책은 불평하지 않는다. 기울어진 가구의 수평을 맞추기 위해 책을 받침으로 끼워 쓰더라도 책은 불평하지 않는다.

『사기』의 저자 사마천은 48세의 나이에 생식기를 뿌리째 절단하는 궁형이라는 형벌을 받았다. 그 당시 궁형은 죽음보다 더 치욕스러운 형벌이었다. 모든 남성성을 잃게 되는 형벌이다. 하지만 사마천은 살아남아 해야 할 일이 있었다. 그것은 책으로 역사를 남겨 놓는 일이었다. 그 후 그는 『사기』라는 역사책을 쓴다. 사마천의 역사책 『사기』는 진짜 승자가 누구인지, 진짜 패자가 누구인지를 알려 준다. 사마천은 "사람은 누구나 죽는다. 태산보다 더 무거운 죽음이 있고 기러기 깃털보다 더 가벼운 죽음이 있다"라고 했다.

그런 의미에서 책은 가장 무거운 존재이기도 하다.

그런 의미에서 성경은 가장 가벼운 책이면서 가장 무거운 책이다.

성경이 가볍다는 것을 오해하지 말라. 성경이 가볍다는 말은 성경만큼 핍박받고, 무시당하고 공격당해 왔던 책이 없다는 뜻이다. 너무나도 가벼이 여긴다. 성경을 모독하고 성경의 말씀을 거부한다.

그러나 성경만큼 엄중하고 무거운 책도 없다. 그 책 때문에 지금도 자신의 생명과 삶을 기꺼이 그 책의 명령대로 순종하며 살아가는 수많은 사람들이 있다. 기독교의 비참함이란 우리 스스로 성경을 가벼이 여긴다는 것이다. 하나님이라는 절대자의 절대적인 기준을 잃어버리면 우리의 끝없는 교만으로 우리 스스로 성경의 엄중함을 잃어버리고 만다. 그래서 결국 성경은 몸으로 살아 내서 증명해 내야 하는 것으로 우리는 성경을 읽었다고 말한다. 삶으로 살아 내야 하기에 성경만큼 번거롭고 무거운 책이 없다.

호랑이는 죽어서 가죽을 남긴다. 한 줄의 글도 남길 수 없는 인생이라면 기러기 깃털보다 가벼운 인생일 수 있다. 아직 글 한 줄 남길 수 있는 삶이 아니면 인생을 다시 한번 생각해 봐야 한다.

책은 누구에게나 편안한 존재다. 하지만 책은 가장 번거로운 존재다. 책이 눈에 띈다는 것만으로도 번거롭다. 이사를 할 때 가장 번거로운 짐이 책이다. 일단 무겁다. 구입한 이후 읽지 않고 책장에 놓여 있는 책은 나의 생각과 마음을 조여 온다.

시간이 지날수록 책은 버거운 존재다. 읽은 만큼 모든 것을 이해한 것도 아니면서 새로운 읽을거리들을 제공한다.

책을 모두에게 읽히고 싶다면

책을 모두에게 읽히고 싶다면 먼저 읽어야 한다. 읽히기 전에 읽어 내야 읽힐 수 있다. 내가 먼저 상대에게 읽혀 버리면 절대로 읽힐 수 없다.

물들이고 싶다면 먼저 물드는 것이 필요하다. 읽히고 싶다면 상대 보다 먼저 읽어야 한다. 책을 읽고야 말겠다는 결심만으로 책을 읽힐 순 없다. 모두에게 책을 읽히고 싶다면 치열하게 책을 먼저 읽는 삶이 필요하다.

오늘 반드시 책을 읽어야 한다. 내일로 미루면 절대로 책을 읽을 수 없다. 오늘 읽어 내는 힘이 누군가에게 책을 읽힐 수 있는 힘을 준다. 그 어떤 특별한 날을 기대하지 마라. 어떤 특별한 날에 책을 읽을 수 있게 되지 않는다. 어떤 특별한 순간도 오늘만큼 특별하지 않다. 오늘 지금이 책을 읽을 가장 좋은 시간이다.

책을 읽게 하는 가장 최악의 방법은 강제로 도서관에 끌고 가는 일이다. 강제로 손에 책을 쥐어 주는 일이다. 세상에는 두 가지 부류의 사람이 있다. 도서관에 강제로 사람들을 끌고 가는 사람과 도서관으로 사람을 이끄는 사람이다. 사람을 이끌려면 먼저 이끌려야 한다. 책에 이끌리는 경험 없이 사람들을 책으로 이끌 수 없다.

스치고 지나가면 스쳐지나 버리지만 스며들면 물들게 된다. 서서히 스며들면 이미 물들어 있다. 스치고 지나칠 만한 일들이 스며들게 하는 것이 독서다. 3천 독서의 내용을 모두 기억하지 못하지만 이미 스며들어 있는 책은 온몸과 영혼을 물들여 버렸다. 그렇게 물들어야 비로소 자신이 고유한 색깔이 나온다. 자신의 색을 찾아가는 것이 독서다. 책에 스며들어 책의 색깔에 물들면 어느덧 책도 나에게 스며들어 나의 색깔에 물들게 된다. 나와 책이 융합되어 고유한 색을 나타낼 때 비로소 읽고 싶어 한다. 그때 책이 읽힌다.

사람의 바탕과 됨됨이에 따라 우리는 사람의 성품을 판단한다. 그 성품을 이루는 바탕이 무엇인가에 따라 나를 읽고 싶은 사람이 생긴다. 누군가 나를 읽고 싶다는 마음이 든다면 우리의 단계가 올라간 것이다. 결국 모두에게 읽히고 싶은 단계에 올라갈 수 있도록 기초를 쌓아 올리는 행위가 독서다.

통찰력이란 도사들이 수련을 통해서 얻어 내는 능력이나 혹은 태어나면서부터 가지고 태어나는 능력이 아니다. 평범한 사람도 사람에 대한 깊은 성찰과 통찰을 통해 깨닫고 알아 가면 얻어지는 능력이다. 사람을 읽어 내는 통찰력이 있는 책은 읽힌다. 우리는 이런 책을 인문학이라고 한다. 결국 인문학이란 사람을 읽어 내는 학문이다. 우리에

천년의 지혜 독서멘토링

게 독서가 필요한 것은 사람을 읽어 내는 능력을 독서를 통해서 얻을 수 있기 때문이다. 사력을 다해서 읽어라. 하루에 한 권은 읽어 보겠다고 사생결단해라. 사생결단하면 과거의 나는 죽고 새로운 내가 다시 태어나는 것을 경험하게 된다. 독서는 우리를 사생결단으로 몰아세우지만 결국 우리를 살린다. 이렇게 읽으면 읽힐 수 있다.

독서할 자격

독서에도 자격이 있다. 독서를 하려면 기본적인 자격을 갖추고 있어야 한다. 자격이란 스스로 갖추어야 할 것과 상대로부터 충분히 인정을 받아야 하는 부분이 있다. 이 두 가지 자격을 갖추지 못하면 독서를 통해서 열매를 기대할 수 없다. 자세를 낮추고 귀를 기울이는 법을 알아야 독서할 기본적인 자격이 된다.

배울 게 없다고 생각한다면 평생 독서할 자격이 없는 것이다. 다 알고 있다는 마음만큼 독서에 해가 되는 것이 없다. 배우려고 하면 초등학생으로부터도 배울 수 있다. 배우려고 신경을 곤두세우면 온 천지 사방에 배울 것투성이다. 하다못해 오늘 나는 믹스 봉지 커피를 가장 맛있게 타 먹는 법을 바리스타에게서 배웠다. 믹스봉지 커피가 거기서 거기지 하겠지만 적당한 온도, 믹스커피를 담아내는 용기, 물의 양, 저어 주는 속도, 커피를 만들기 위해 사용하는 물에 따라 믹스커피는 마법처럼 맛이 달라졌다. 하물며 독서를 하고자 하는 사람이 배우고자 하는 마음이 없이 책을 읽을 수는 없다.

천년의 지혜 독서멘토링

하루라도 독서를 하지 않으면 혀에 가시가 돋친다 하였다. 하루라도 배움의 길을 멈추면 뇌가 굳어지고, 눈이 침침해지며, 말에는 독선과 악의가 가득 차고 비판과 비평만 늘어난다. 지적 호기심은 굳어진 단단한 살이 되고 심장의 뛰는 속도도 처지기 시작한다. 호흡도 생기를 잃고 숨은 그저 가빠지기만 한다.

하지만 배움의 안테나를 곧추세우면 나에게 가르침을 주는 스승은 세상 도처에 깔려 있다. 강호의 숨어 있는 고수들에게 배울 수 있고 잘하면 그들의 수제자가 되는 호사를 누리기도 한다. 내가 그 산증인이다. 나는 이동원 목사님과 강준민 목사님에게서 독서를 배웠다. 이미 독서에 있어서는 천하를 평정한 고수들이다. 이분들의 책과 설교문이 어떻게 작성되고 만들어지는지 배울 수 있었다. 책 읽기와 글쓰기가 목회와 삶에 어떤 영향을 주는지 몸소 배울 수 있었다. 나는 아직도 반짝반짝 빛나고 있는 광인들에게 배우고 있다. 삶의 주인공 같은 이들 옆에 엑스트라여도 함께 출연하는 영광을 누리고 있다.

이런 열망이 독서할 자격이다.

이런 열망이 나를 변화시킬 수 있다. 나뿐만 아니라 주변에도 좋은 영향을 줄 수 있다. 나를 변화시켜 본 사람만이 세상을 변화시킬 수 있고 그 변화된 나만의 스토리가 나만의 브랜드와 콘텐츠가 된다. 무엇보다 열정적으로 읽고 변화된 나만의 스토리를 책으로 만들면 누군가 그 책을 통해 또 다른 변화와 삶을 살아가는 사람들이 나온다. 결국 내 삶을 열정적으로 사는 것이 세상은 물론 사람들을 열정적으로 바꾸고 있는 것이다. 결국 독서란 길이 있기에 그 길을 쫓아가는 것이라기보다 길이 없어도 길이 열릴 것을 믿고 가는 길이다. 홍해 밑으로 길이 있음을 믿고 한 걸음을 시작했다면 앞으로 길이 생기는 것을 보게 될 것이다. 내가 가는 발걸음으로 길이 만들어지는 삶은 독서가 만들어 주는 삶이다. 길을 따라가는 삶, 길을 만들어 가는 삶, 남이 걸어간 길을 따라가는 삶이 아니라 비록 미지의 길이라도 제 갈 길 가는 삶이 세상에 다양한 길을 만들어 놓는다. 이런 각오가 있는 사람이 책을 읽을 수 있는 사람이다.

1. 기꺼이 돈을 지불할 자격

책은 자신의 돈으로 반드시 사서 읽어야 한다. 책을 빌려 보는 바보, 책을 빌려주는 더 바보가 있을 뿐이다. 책은 저자의 노력과 인생이 담겨 있는 것을 기꺼이 나누는 헌신과 수고가 있다. 한 자, 한 자 펜촉에 저자의 피와 땀을 찍어 단어를 써 내려간 것의 결과물이 책이다.

책의 값어치를 정하는 것이 두께와 종이의 질과 출판사의 마케팅 광고비로 결정된다고 생각하면 책을 읽을 자격이 없다. 책에는 저자의 인생이 있다. 글의 내용이 허접하게 보여도 책의 저자는 한 자, 한 자에 자신의 모든 생을 걸었다.

그런 책을 빌려 본다는 것은 책을 읽을 자격이 없는 것이다. 책을 사기 위해 자신의 지갑을 언제든지 열 준비가 되어 있어야 한다. 책을 사기 위해 아르바이트도 하고, 커피도 줄일 수 있는 결단이 필요하다. 책을 구하기 위해 어떤 대가도 기꺼이 지불한 경험이 나를 독서의 세계로 이끈다. 돈을 지불한 책은 읽을 확률이 높다. 책을 빌려간 대다수의 사람들이 책을 읽지 않는다. 나는 예외라고 말하지 마라. 책을 써 본 사람은 책을 빌려 보는 사람이 가장 싫다. 대가를 인정해 주라. 대가를 지불해 주라. 책을 읽기 위해 기꺼이 지갑을 열어라. 작가에게 더 많은 영감을 주고 힘을 준다. 물론 출판사도 적자를 보지 않아야 좋은 책을 지속적으로 출판할 수 있다.

책에 돈을 쓰는 것을 아까워하면서 독서할 수 없다. 책 값에 인색한 사람은 가장 경계해야 할 사람이다. 이런 사람을 가까이하는 것은 인생과 영혼을 망치는 일이다. 지금 당장 지갑을 열어라. 독서할 자격은 이런 사람에게 주어지는 은혜와 은총이다.

2. 기꺼이 시간을 할애할 자격

독서할 자격은 시간을 허비할 마음이다. 허비라는 단어를 사용했지만 책 읽는 데 인색한 사람들이 있다. 책을 읽는 것과 시간을 사용하는 것은 비례한다. 시간을 기꺼이 사용할 마음이 없이 독서를 할 수 없다. 책을 읽지 못하는 사람들의 한 가지 공통된 특징은 시간이 없다고 말하는 것이다. 하지만 시간이 없는 것이 아니라 시간에 인색한 것이다. 책을 읽는 일에 인색하며 헌신하지 않고 책은 절대로 읽을 수 없다. 책에게 많은 시간을 들여야 책도 자신이 가지고 있는 최상의 결과물을 통해 놓는다. 잠자는 시간이라도 줄여 책을 읽어야 한다. 한동안 새벽 2시에 일어나 새벽기도 시작되기 전 5시까지 미친 듯이 책을 읽었다. 이 새벽 시간 3시간이면 한 권의 책을 읽고 하루를 시작할 수 있다.

책을 읽겠다면 지금 당장 알람을 설정하라. 새벽 2시 30분쯤으로 시작해 보면 어떨까? 좋다. 조금 양보해서 새벽 3시에 알람을 맞추는 것으로 시작한다. 그 정도 결단이라면 충분하다. 포기하지 말고 끝까지 건승과 분투를 기대한다.

3. 기꺼이 책을 존중할 자격

책도 존중해 주는 사람에게 자신의 보화를 내어 준다. 책은 책을 첫 장을 열기 전에 스스로 자신을 열지 않는다. 다음 장을 열기 전에 책이 스스로 자신의 다음 이야기와 보화를 꺼내 놓지 않는다. 책의 다음 장에 책이 가지고 있는 보화가 숨겨져 있다는 것을 믿어 주고 존중하며 한 장, 한 장을 넘길 때 책은 비로소 책은 독자에게 보물을 내어 준다.

책은 존중받아 마땅하다. 책의 마지막 장을 넘길 때까지 글자 하나

하나 존중해 줄 때 책에서 놀라운 보화를 발견한다.

책의 가치를 책의 두께에 두거나 잘 디자인된 책의 외형에 두는 경우도 있다. 대형 출판사에서 출간된 책이 좋은 책이라고 생각할 수 있다. 마케팅을 잘해 베스트셀러가 된 책에 가치를 부여하기도 한다. 유명한 작가의 책, 유명인의 책이 좋은 책이라고 생각한다. 좋은 책의 기준과 가치를 어디에 두는가는 개인의 취향과 개인적인 선택일 수 있다.

하지만 보이는 외형보다 책이 가지고 있는 책의 본연의 충실한 책이라면 책은 그 자체로 가치가 있다. 이런 책의 가치를 인정해 줄 때 책도 독자를 가치 있게 인정해 준다. 그때부터 책은 자신이 숨겨 놓았던 보화를 독자에게 펼쳐 보이기 시작한다. 뜻하지 않은 곳에서 광맥을 발견하고 그곳에서 다이아몬드보다 더 반짝이는 보석 같은 책의 가치를 얻을 수 있다. 책은 그 존재 자체만으로도 훌륭하다. 그 존재의 의미를 부여해 주면 책은 살아난다. 3천 권의 독서과정 중에 뜻하지 않은 곳에서 광맥을 발견했다. 책을 소중히 여겨 주고 존경해 주는 만큼 책도 나에게 큰 은혜를 베풀어 주었다.

4. 기꺼이 저자를 이해할 자격

독서를 잘하는 여러 가지 방법이 있지만 책의 저자를 사랑하는 것은 독서에 가장 유익한 방법이다. 책을 읽기 전에 저자를 읽는 것이 중요하다. 저자의 삶이 어떤지, 저자의 주요 생각과 주장은 무엇인지, 저자의 삶을 이해하고 사랑하면 그의 책도 당연히 사랑하게 된다.

책을 읽는 방법은 다양하다. 독서의 실력자들마다 책을 읽는 방법과 비법들을 다루는 책들이 이곳저곳에서 출간되고 있다. 각자의 책 읽기와 독서법들이 나오는 있지만 가장 중요한 것은 나에게 적합한 독서법에 맞추어 읽어 내는 것이다. 특별히 저자의 의도를 저해하지 않고 이해하며 읽는 것이 중요하다. 책을 읽는 습관과 방법이 각각이 듯이 책을 쓰는 저자의 방법도 각각의 스타일과 방법이 있다.

책을 많이 읽는 다독, 낭독, 속독, 음독, 정독 등등 책을 읽는 방법이 다르듯이 책을 쓰는 작가도 책의 내용에 따라, 읽는 대상에 따라, 출판사의 요청에 따라 그 쓰기가 달라질 수 있다. 다작을 하는 작가, 연재를 하는 작가, 공모전에 출품한 작가, 신인작가 등 작가의 삶을 들여다보면 그의 글을 좀 더 깊이 있게 공감할 수 있다. 책을 읽는 방법은 많이 읽든, 적게 읽어 내리든, 빨리 혹은 천천히 읽든 읽고 해석하여 적용하는 데 크게 두 가지 정도로 이해할 수 있다.

첫 번째 방법은 쓰인 단어의 쓰임에 충실하게 해석하는 방법이다. 단어에 충실하게 독해하는 방법으로 문자적인 해석에 충실하게 글을 이해하는 방법이다. 또 다른 방법은 문자의 뜻과 함께 그 글자 속에 있는 숨겨진 의미들을 이해하며 읽어 내는 방법이다.

저자가 왜 이 단어를 사용했는지, 얼마나 자주 이 단어가 등장하

천년의 지혜 독서멘토링

는지, 이 단어와 표현을 쓴 저자는 문맥 전체에서 이 단어가 주는 의미를 어떻게 풀어내는지 하나하나 의미 있게 살펴보는 것이다. 가장 좋은 방법은 글을 쓴 작가에게 단어의 모든 의미를 일일이 물어보는 것이지만 모든 책을 그렇게 읽을 수는 없다. 그러므로 책을 읽으면서 작가가 쓴 글의 대목의 의미를 알고 싶다면 오직 하나의 방법밖에 없다.

단어의 무게감, 단어와 표현의 껍질, 문단과 문장의 결합력과 연결고리 그 속속히 들어 있는 의미를 곱씹어 제대로 된 맛을 음미하는 것이다. 그 맛을 통해 작가가 느꼈을 카타르시스를 온몸으로 받아 내며 느끼는 것만이 저자가 책을 쓴 목적에 도달할 수 있는 유일한 방법이다.

작가란 영혼에 깃든 생각과 의미를 글자라는 조합을 통해 오묘하고 아름답게 적재적소에 끼워 넣는 작업을 하는 사람이다. 때로는 거칠게 때로는 부드럽게, 때로는 정교하게, 때로는 우아하고 아름답게 단어 하나하나에 숨결을 불어넣고 살아 숨 쉬도록 하는 사람이다. 결국 작가의 숨결과 호흡을 이해하고 그 의미를 따라가는 것이 책을 온전히 이해하는 행위다. 결국 독서란 작가의 호흡에 나의 호흡을 맞추어 따라가는 작업이라 할 수 있다. 지금 작가의 호흡과 숨은 어디로 향해 가는지 그 숨결과 호흡을 따라가면 작가의 호흡이 절정에 치닫는 지점에서 마주하는 나의 숨결과 호흡을 경험하게 된다.

물론 처음부터 모든 작가의 속도에 맞추어 달려갈 수는 없다. 그렇기에 독서의 자리에서 작가를 자주 만나면 그의 사소한 습관까지 이해할 수 있게 된다. 작가의 사소한 습관까지 마주치게 될 때 우리는 더욱 분명하게 글의 의미를 깨닫게 된다. 이런 이유에서 같은 책을 두 번 혹은 세 번째 읽을 때 느껴지는 의미는 다르게 다가온다.

독서를 포기하면

용두사미가 된다. 용도 독서를 그치면 뱀 꼬리가 되고 뱀도 독서를 계속하면 용이 될 수 있다. 그런 의미에서 독서는 작심삼일보다 용두사미가 훨씬 낫다. 작심삼일은 삼 일 후 모든 독서가 끝나 버리지만 용두사미는 꼬리라도 남는다. 독서에는 왕도가 없다. 포기하려는 그 순간 다시 독서에 전념하는 것만이 길이다.

'독서를 하고 싶다'와 '독서를 한다'는 다르다. 독서하지 못하는 바보는 늘 독서하고 싶다고 말한다. 독서의 대가들은 독서한다고 말한다.

저절로 독서가 되는 것이 아니다. 결국 포기하고 싶은 마음이 들 때가 다시 독서에 매진해야 할 때다. 누구에게나 독서의 위기가 찾아온다. 아무리 독서를 해도 변화가 없는 것 같은 정체 구간을 맞닥뜨리게 된다. 독서 정체 구간은 사람마다 다르지만 누구에게나 찾아온다. 그러나 이 정체 구간을 벗어나면 그때부터 내가 책을 읽는 것이 아니라 책이 나를 이끈다. 책이 나에게 이끌려 스스로가 자신의 모든 비밀을 쏟아내 놓는다.

독서를 통해서 얻는 영감과 지혜를 얻는 시기가 찾아온다. 이것은 독서를 시작하면서 경험하기도 하지만 순간의 번뜩이는 영감보다는 오랜 시간 다져진 독서의 결과로 주어지는 시간이다.

독서 - 깊이와 넓이의 조화

깊기만 하면 고립되고 넓기만 하면 조잡스럽다. 깊이와 넓이의 조화는 그냥 만들어지지 않는다.

전문성은 탁월함과 사람들을 이끄는 힘이 된다. 다양함과 넓은 지식은 다양한 사람들에게 손을 내밀어 준다. 깊이와 넓이의 조화가 있어야 탁월함과 포용함으로 사람들에게 손을 내밀 수 있다.

깊은 전문성을 가지면, 스스로에게 자존감을 가져다준다. 또한 폭넓은 교양은 모든 사람들에게 손을 내밀어 초대할 수 있는 용기를 준다. 깊이가 없는 넓음은 얕음이다. 넓이가 없는 깊이는 고립이다. 얕은 곳에선 풍성함을 기대할 수 없고 넓이가 없이 깊어지기만 하면 결국 매몰될 수밖에 없다. 독서에서 넓이와 깊이의 조화가 필요한 이유다. 3천 독서는 넓이와 깊이의 조화다. 길을 잃어 본 사람은 새로운 길을 찾아 나서는 것을 두려워하지 않는다. 길을 잃어 봤으니 깊은 바다든, 깊은 강이든, 깊은 골짜기든 길이 있다면 찾아 나서길 마다하지 않는다.

고비사막의 사막에 서 보고, 사하라의 모래사장에 서 보고, 캘리포니아의 모하비사막에 서 보면 동네 아파트 입구의 모래사장이 얼마나 작은 것인지 실감한다. 동네 놀이터 모래사장에서 한 움큼의 땅을 더 차지하기 위해 사력을 할 때 사하라를 보여 줘야 한다. 캘리포니아의 모하비사막으로 데려가야 한다. 몽골의 고비사막을 마주해야 한다. 넓이란 만나 보지 않고 헤아리기 어렵고 깊이란 들어가 보지 않으면 가늠이 되지 않는다.

독서란 무엇일까?

옛것을 보전하고 새로운 것을 받아들이는 힘이다. 매일매일 새로운 책이 쏟아져 나온다. 새롭게 배우고 익혀야 할 지식과 정보가 홍수를 이룬다. 독서란 좋은 것을 보전하는 능력이다. 독서란 새로운 것을 수용하는 능력이다. 3천 독서는 새롭게 익혀야 할 지식과 정보가 통합되어 새로운 길을 제시할 수 있는 통합의 능력을 경험하는 일이다. 배우기 위해서 먼저 빈 공간을 만드는 것이 중요하다. 내 것으로 가득하기만 하면 배울 수 없고 채울 수 없다. 비움의 과정을 통해 채움의 욕구를 느낀다. 새도 뼛속까지 비워야 하늘을 자유롭게 날 수 있다. 날지 못하는 새의 공통점은 뼛속까지 채웠다는 것이다. 새도 뼛속까지 비워야 높이 날고 멀리 난다.

그래서 진정한 의미의 독서는 비움에서 시작된다. 비움이 무소유를 의미하지는 않는다. 다만 비움의 대상이 분명하다. 기존의 타성과 고

정관념과 소유하려는 욕심과 쟁취 의식을 내려놓을 때 진정한 채움이 시작된다. 진정한 독서를 원한다면 진정한 책임을 위해 책을 가까이해야 한다. 책임 있는 채움은 책을 읽은 마음에서 배울 수 있다. 나는 여전히 비운다. 비운 만큼만 채울 수 있음을 알았기에 책임 있는 비움을 위해 책임 있는 독서를 한다. 나는 아직도 책임이 더 필요한 사람이기에 책을 통해 책임 있는 독서의 능력을 배우고 있다.

독서가 만든 바른 나

　3천 독서가 필요한 이유는 무엇일까?

　나를 높게 만들어 주는 것이 아니라 나를 바르게 만들어 준다. 독서한다고 슈퍼맨이 되는 것은 아니다. 물론 독서는 나의 지적 능력과 지식욕구를 충족해 준다. 그러나 진짜 독서는 나를 바르게 만들어 준다.

　나를 바르게 만들어 준다는 것은 문제의 본질을 이해하여 본질을 바라보게 한다는 것이다.

　독서를 통해 본질을 이해하면 문제를 통찰하게 되고 깊은 성찰을 통해 문제의 본질로 돌아가는 힘을 얻는다.

　2021년 미국 뉴욕주의 도서관장으로 취임한 토니 막스는 뉴욕시와 인근 주욕주의 주요 도시에서 문제가 되는 도서관의 문제에 직면했다. 매년 도서와 CD, DVD를 반납하지 않는 것 때문에 많은 재정적 부담이 늘어 갔다. 연체료가 눈덩이처럼 불어나도 거둬들일 방법도 묘연했다. 토니 막스는 2021년 10월 도서관의 미납된 모든 연체료를 면제하는 결정을 했다. 많은 사람들의 반대가 있었지만 토니 막스는 "도서관의 올바른 목적을 다시 생각해 봐야 한다", "도서관의 올바른 목적은 벌금을 거둬들이는 사업을 하는 것이 아니라 사람들이 배우고 익혀 성장하도록 돕는 일을 하는 것이다"라고 말했다.

그의 결정은 올바른 결정이었다. 도서 대출미납에 대한 벌금을 없애자 뉴욕시를 비롯한 맨해튼, 스태튼 아일랜드, 브롱크스에서 2만 건, 브루클린에서 약 5만 건의 미납된 도서와 CD, DVD가 반납되었다. 그 후 도서관을 찾는 사람들의 숫자가 눈에 띄게 늘었고 대여품이 회수되는 비율이 늘어나 재정적인 적자에서 벗어날 수 있었다.

이전까지 도서관은 연체료를 강화하거나, 연체자의 주소를 추적하여 강제징수 편지를 보내거나, 대여품 날짜를 지키지 않으면 벌금을 부과한다는 엄청난 크기의 스티커를 붙이거나, 지역 신문에 광고를 하는 것이 전부였다. 도서관의 본질을 이해하지 못하면 본질적인 문제는 소외되고 비본질적인 문제로 에너지가 낭비된다. 독서는 우리를 바른길로 인도한다. 옳고 그름의 문제와 다른 바름의 문제를 독서를 통해 넣을 수 있다. 본질을 바라보게 하는 것이 바른 것이다.

본질을 올바르게 바라보려고 하는 노력이 우리를 독서의 길로 인도한다. 바른 길을 발견하면 독서를 멈출 수가 없다. 올바른 길이 무엇인지 알기에 그 길을 저버릴 수 없다. 올바른 본질을 보려는 노력이 독서다. 바르게 보려고 노력하지 않으면 볼 수 없다. 바르게 보려는 노력은 저항이 따른다. 바르게 보려는 시각은 독서를 통해서 우리가 경험하게 된다.

타이레놀 이야기를 통해 바른 결정에 대해 살펴보자.

1982년 미국에서 청산가리(독극물)이 들어간 타이레놀을 복용하고 7명이 사망하는 사고가 발생한다. 1982년 미국 시카고의 한 마을에서 감기를 앓던 소녀가 타이레놀을 복용하고 사망한다. 그 후 며칠 사이 시카고 일대에서 7명의 사람들이 타이레놀을 복용하고 사망하는 사건이 발생했다. 일주일 만에 존슨앤존슨 사의 주가는 폭락하고 시장 점유율도 35%에서 7%로 급락하여 회사는 도산 위기를 맞았다. 존슨앤존슨 사는 사건의 진상이 뉴스에 공개되기 전에 먼저 이 사실을 미국 전역에 알렸다. 모든 책임을 존슨앤존슨 사가 지겠다고 밝힌 후 타이레놀 복용 중단을 미국 전역에 광고했다. 그리고 미국 전역에 있었던 타이레놀 3,100만 병을 수거해 폐기했다. 그 당시 소매가 시세로 약 1억 달러가 넘는 어마어마한 금액이었다.

존슨앤존슨 사는 여기에 그치지 않고 캡슐형 타이레놀을 알약 형태의 약으로 바꾸어 주겠다고 선언했다. 이 비용도 천문학적인 액수였다. 이런 발 빠른 조치를 통해 75개의 캡슐 형태의 타이레놀에서 청산가리가 들어 있는 것을 확인했다. 누군가 고의적으로 청산가리를 집어넣은 것이다.

그 후 존슨앤존슨 사는 수사당국과 긴밀하게 협조하여 회사의 모든 기밀을 공유했고 독극물을 투입한 범인을 잡는 데 현상금 10만 달러를 내놓았다. 그 후 다시는 약물을 투입하지 못하도록 타이레놀의 모든 포장을 3중으로 만들고 유통 과정에서 조금이라도 이상이 보이면 무조건 물건을 바꾸어 주는 조치를 단행했다. 회사가 입은 금전적 손실은 어마어마했다. 하지만 발 빠른 존슨앤존슨 사의 조치로 회사에 대한 신뢰는 빠르게 회복되었고 사람들은 타이레놀을 신뢰하게 되었다. 연일 뉴스에서 존슨앤존슨 사와 타이레놀에 대한 뉴스와 신문 기사가 쏟아져 오히려 광고 효과는 천문학적인 효과를 누렸다.

사태가 진정되자 주가는 급상승했고 시장 점유율이 가파르게 상승해 50%를 웃도는 엄청난 회복을 보여 주었다. 이런 행보는 1940년대부터 50년간 이 회사를 이끈 로버트 우드 존슨의 경영 방침 때문이었다.

스티븐 R. 코비는『신뢰의 속도』에서 존슨이 회사의 책임을 소비자, 제품을 사용하는 의사, 직원, 직원들이 살고 있는 지역사회, 그리고 이해 당사자들로 간단히 정리했다고 언급한다. (김영사, 2009, 210페이지) 존슨은 이 책임을 충실히 이행하면 기업이 오래 번영할 것이라고 전망하며, 그의 신념이 도덕적일 뿐만 아니라 수익에도 도움이 된다고 믿었다고 설명한다. 이는 기업의 윤리적 책임과 장기적인 번영이 밀접하게 연결되어 있음을 시사한다.

코로나 바이러스 사태로 해열제가 필요했던 2020년과 2021년 초 타이레놀은 사상 최고의 판매 수익을 올렸다. 존슨앤존슨의 회사 가치는 여전히 세계 최고이다. 이런 배경에는 신뢰가 준 가치가 있었다.

신뢰는 결국 바른 결정의 결과다. 책은 우리를 바른길로 인도해 준다.

독서란 무엇인가?

내일을 바꾸기 위한 오늘의 몸부림이다. 내일을 바꾸려면 오늘 독서를 해야 한다. 자신의 부족함을 뼈저리게 느끼면 뼈저리도록 공부하게 된다. 독서는 나의 부족함을 뼈저리게 느끼게 한다. 자신의 부족함을 아프게 느껴야만 다른 이들을 아프게 하지 않는다.

깨어 있는 사람들은 독서를 통해 자신의 부족함을 메꾸려고 한다. 하지만 정작 왜 부족했는지를 스스로 돌아보는 사람은 적다. 독서는 왜 부족했는지 근본부터 질문하게 한다. 독서는 답을 찾아가는 노력이 아니라 근본적인 질문을 찾아가는 노력이다.

우리 인생의 공부에서 마지막을 완성시키는 한 줌의 흙 같은 것이다.

공부에 내공이 쌓이고 무게가 실리면 쉽게 잊히지 않고 날아가 버리지 않는다. 독서는 우리의 공부가 스스로 내공을 쌓고 무게가 실리어 쉽게 휘발되어 날아가지 않도록 한다. 아무리 공부해도 머리에 남아 있지 않다면 독서를 통해 읽은 글이 쉽게 날아가지 않는 경험이 필요하다.

독서만이 완벽한 공부는 아니다. 하지만 공부의 신들을 보면 대부분 모두 독서광들이다. 독서는 일상의 삶과 분리해서 생각할 수 없는 과정이다. 독서가 배움이고 배움의 과정이 독서가 된다. 앎과 삶이 하나 되어 통합되는 과정이 독서다. 앎이 지루해지기 시작하면 강렬한 야성을 잃어버리기 쉽고 야성만 강조하면 극단주의가 돼 버린다. 책이란 야성만을 강조하여 기록될 수 없고 야성이 빠진 책이란 한낱 공허한 울림이 되기 쉽다. 결국 책을 통해 저자가 담아 놓은 경계선 안쪽으로 들어온 야성과 그 경계선을 버텨 주는 지성을 적절한 조화를 발견한다. 결국 독서가 주는 마지막 울림은 알아 가는 앎에 있어 야성과 지성을 적절히 조화시키고 삶에 있어서는 이성과 열정이 적절한 통합을 이루어 재미와 의미가 되어 가는 과정이다.

독서는 그 적절한 지점에서 방점을 찍어 모든 이들이 공감할 만한 통합적인 지식과, 사고, 열정과 애정, 재미와 의미를 더하는 것이다. 이런 통합적인 과정이 책상에서 일어나지 않는다. 이런 과정이 책상과 도서관을 벗어나 삶의 현장에서 일어날 때 책이 주는 마지막 퍼즐을 채워 넣는 과정이 된다. 이것을 우리는 '개념화'라고 정의할 수 있다. 새로운 지식과 창조적인 아이디어는 이미 알고 있는 개념 속에서 남다른 방식으로 조화를 이루고 새로운 개념으로 변경되기도 한다. 또한 새로운 개념으로 변화되면서 새로운 질서와 창조를 경험하게 된다. 니체는 꿀벌은 밀랍으로 집을 짓는다 하지만 사람은 개념으로 집을 짓고 살아간다고 말했다. 독서하지 않으면 그 개념이 집은 지금까지 경험되어 온 자신의 경험치 이상을 벗어나지 못한다. 그 사람의 수준을 살펴보려면 그 사람이 사용하고 있는 개념 구조를 이해하는 것이 중요하다.

독서는 지금까지 공적 교육에서 만들어진 기존의 사고 개념 위에 새로운 색다른 개념의 구조를 더해 준다. 독서가 주는 장점은 지금까지의 개념을 완전히 파괴하고 무너뜨리는 것이 아니다. 약한 고리를 튼튼하게 해 주고 부족한 부분을 채워 보충해 준다. 그러므로 지금까지 내가 사용하던 언어와 단어, 사용하던 이야기와 경험, 새로운 지식과 창조적인 사고가 없다면 나는 지금 개념 없이 사는 것이다. 아니, 무개념은 아니지만 신개념은 아니다.

3천 독서를 통해 새로운 개념이 정립되고 유연하게 개념을 변화시키는 사고와 능력을 자연스럽게 배양하게 되었다. 언어가 바뀌어야 개념이 바뀐다. 언어는 단어가 먼저 바뀌어야 언어가 바뀐다. 단어는 풍성한 독서를 통해 날마다 접하면서 자연스럽게 습득하게 해야 한다.

코로나 시대 이후 마스크를 쓰면서 아이들의 언어 발달에 심각함이 초래되었다고 한다. 언어가 통제되면 생각의 유연성과 개념이 만들어질 수 없다. 결국 내가 상상하는 개념도 언어가 지배하는 만큼만 상상할 수 있기에 독서를 통해 완성도를 높이는 것이 필요하다.

독서가 인생의 마지막 방점을 찍는다는 것은 결국 남들과 다른 나, 어제와 다른 오늘의 나, 독서 이전의 삶을 살던 나와 다른 '나란 존재는 누구인가?' 하는 질문에 이르는 것이다.

"나는 진짜 누구인가?", "나는 진짜 어떤 사람이 되고 싶은가?", "나는 왜 독서해야 하는가?", "나는 무엇을 할 것인가?", "나의 결국 궁극적인 삶의 목표와 목적은 무엇인가?" 하는 진지한 질문에 닿았을 때 독서의 결승점에 서 있게 된다.

제2부_천년의 지혜 독서멘토링

독서멘토링의 결과는?

속도를 정해 놓고 벌이는 싸움이나 시합이 아니기에 출발이 조금 늦었다고 좌절할 필요 없다. 조금 느리게 가더라도 지금 출발하면 된다. 중간에 쉬었더라도 다시 시작하면 된다. 결승선에 다다랐다고 생각했다면 다른 경주와 결승선도 있음을 알면 된다. 독서에 있어 가장 나쁜 것은 스스로를 독서의 경주에서 탈락시키는 것이다.

당나귀와 조랑말은 당근과 채찍이 있어야 움직이지만 적토마는 당근 없이도 하루에 천 리를 달린다. 스스로를 조랑말과 당나귀라고 여길 필요는 없다. 적토마 정도는 아니어도 달릴 수 있을 만큼 달려 보는 것도 나쁘지 않다. 적토마가 되도록 자신을 채찍질해야 할 때도 있다. 그렇게 자신을 채찍질하다 보면 어느덧 독서의 결승선을 통과할 때가 온다. 독서는 단거리 경주가 아니라 마라톤에 가까운 일이다. 마라톤 풀 코스를 달려 본 적이 있다. 죽음의 30km 대를 돌파하고 나면 런너스 하이라는 구간을 경험하게 된다. 갑자기 달리는 감각이 느껴지지 않았다. 온몸의 근육들이 완전히 풀어진 것처럼 느껴졌다. 숨도

가쁘지 않았고 더 이상 땀도 나지 않았다. 늘 어깨가 뭉쳐 아팠는데 순간 아팠던 어깨가 아프지 않았다.

1. 쉬운 산은 없지만 못 오를 산도 없다

하루에 한 권의 책을 읽는다는 것이 쉬운 것은 아니다. 그러나 할 수 없는 일도 아니다. 하루에 책을 한 권 읽는 것이 불가능한 일이라고 단정 지으면 정복할 수 없다. 하지만 독서 훈련을 시작하고 책을 읽기 시작하면 정복하지 못할 산도 아니다. 세상에 저절로 되는 일은 없다. 세상에 쉬운 일도 없다. 책을 읽겠다는데 쉬운 방법을 말하면 그 방법은 거짓 방법일 가능성이 많다. 적어도 300페이지 정도의 책을 읽으려면 최선을 다해서 읽어야 한다.

특별히 고전이나 명작들은 읽기가 어렵다. 읽지 않으면 고전하거나 읽어도 고전하거나 읽은 후에도 여전히 고전하게 만드는 책이 고전이다. 특별히 번역된 번역서도 무척 읽기 어렵고 힘들다. 어떤 책은 원어(영어, 불어 등등 저자의 언어)로 읽는 것이 의미 전달이 분명하고 쉬운 것도 있다. 번역가가 그 분야의 사전적 지식이 없을 때 번역한 책은 읽고 있어도 무슨 말인지 이해하기 힘들 때도 있다.

나에게 기독교 고전 중에 가장 알려졌지만 가장 읽기 어려운 책은 『천로역정』이었다. 얼마나 정복하기 어려웠던지 『천로역정』이 두 권으로 된 책이란 것을 20년이 지나서 알았다. (영어로 된 책을 읽어 본 후 왜 이렇게 번역본이 읽기 어려웠는지 알게 되었다. 영어 원본은 에베레스트 산보다 높은 산이었다. 포기하지 않도록 은혜 주신 하나님을 찬양하라, 할렐루야)

첫 번째 여정을 다룬 첫 책을 이해하기 어려우니 두 번째 책이 있어도 관심이 없이 지나쳤다. 기독교 고전을 읽어 내는 것은 쉬운 일이 아니다. 하지만 도전하면 정복하지 못할 책은 없다. 성경 일독도 만만치 않다. 성경을 읽는 일도 힘들고 어려운 일이다. 하지만 죽을힘을 다하면 어렵지 않게 읽어 내려갈 수 있다.

포기하지만 않으면 반드시 정복할 수 있다. 독서는 그렇다. 열정적으로 책을 읽어야 한다는 것을 모든 사람들이 다 안다. 그렇게 살지 못하는 이유가 무엇일까? 그렇게 살아갈 수 있는 에너지가 없기 때문이다. 이 에너지를 스스로 만들 수 있는 힘이 없기 때문이다. 책이라는 거대한 산을 정복하기 위한 에너지를 만들 불꽃이 있어야 한다. 책은 우리에게 거대한 불꽃을 만들기 위한 스파크를 제공한다. 그렇게 미세하지만 시작된 스파크가 불꽃을 일으키는 순간 독서라는 거대한 산을 뛰어넘을 수 있는 에너지가 생겨난다.

한 권의 책이 일으킨 스파크는 작은 것이었지만 그것은 곧 거대한 불꽃이 되었다. 책을 읽어 보자! 도전장을 내밀었을 뿐인데 거대한 독서의 산을 정복하게 되었다. 그 도전이 내게는 나의 영혼을 뜨겁게 만드는 불꽃이 되었다.

도전하는 것이 두려운가? 3천 권이라고. 하루에 한 권씩을 읽어 내라고. 말도 되지 않는다고 그런다. 나도 그렇게 생각했다. 그렇게 생각할 때는 절대로 정복할 수 없었다. 지금 3천 권을 읽고 난 후 막연하게 다시 5천 권 고지를 향해 가야 한다는 내면의 소리를 듣고 있다. 나도 걱정스럽다. 5천 권의 책이라니. 언제까지 나는 해야 할까. 솔직히 여기에서 그만두고 싶다. 그러나 다시 책을 손에 주워 들었다. 다시 결단하니 5천 권의 고지가 눈에 들어온다. 3천 권의 고지에서 바라본 5천 권의 고지는 도전해 볼 만한 도전으로 보인다. 쉽게 정복되진 않겠지만 못 오를 산은 없다.

2. 몰입과 집중 – 하루 한 권의 비결

세상에서 가장 귀한 3가지의 금이 있다고 한다. 황금, 소금, 지금이다. 황금은 우리에게 엄청난 부를 준다. 소유하면 좋지만 누구나 소유할 수 있는 것은 아니다. 과거 소금은 일한 대가로 주어지는 임금이었다. 월급에 해당되는 '샐러리'라는 단어는 소금인 'salt'에서 유래된 말이다. 소금도 많이 소유하고 싶지만 마음대로 되는 것은 아니다. 하지만 지금은 나에게 주어진 가장 큰 능력이다. 지금에 집중하는 삶의 방식을 우리는 몰입이라고 한다. 몰입이라는 말을 집중이라고 말할 수도 있다. 집중하는 것은 엄청난 에너지를 만들어 낸다.

제2부_천년의 지혜 독서멘토링

어린 시절 돋보기를 가지고 종이에 비추면 분산되어 있던 빛을 모을 수 있었다. 빛이 집중되면 에너지가 생긴다. 곧 연기가 피어오르고 종이에 불이 붙는다. 에너지를 집중할 수 있는 몰입의 힘은 에너지를 전달해 준다. 초등학교 시절 선생님이 써 주신 가정통신문에는 '주의가 산만하고 집중하지 못한다'는 내용이 있었다. 집중하지 못하는 것은 집중하도록 하는 힘이 없기 때문이다. 우리의 몸은 주변의 자극에 반응하도록 감각기관을 갖고 있다. 귀와 눈은 주변의 자극에 가장 민감하게 반응한다. 눈과 귀는 주변의 자극의 정보를 받아들여 뇌로 하여금 나에게 가장 필요한 것을 판단하여 정하도록 돕는 기관이다.

눈과 귀가 몰입하거나 집중하는 것이 훈련되지 못하면 외부의 자극에 온전하게 반응하지 못한다. 집중해야 할 정보에 온전하게 반응하지 못하는 것을 우리는 산만하다고 한다. 집중하지 못하는 우리 삶의 문제를 해결하기 위해 독서는 가장 중요한 해결책이다.

1일 1책을 하기 위해 몰입하기 가장 좋은 시간을 선택한다. 사람마다 자신이 몰입하기 가장 좋은 시간과 장소는 다르다. 몰입은 내가 얻어야 할 정보와 대상에만 마음과 시선을 집중하는 것이다. 몰입은 맹수가 먹잇감을 노려보고 모든 신경을 먹잇감에 주시하는 순간이다. 사자와 호랑이 같은 맹수는 3번의 사냥을 실패하면 굶어 죽는다. 일반 초식 동물처럼 풀로 에너지를 충당할 수 없기에 반드시 사냥에 성공해야 한다. 이런 맹수들은 사냥감을 발견하면 자신의 온 에너지를 사용하여 먹잇감을 향해 달려간다. 이때 사냥에 실패하면 두 번째 사냥을 성공할 확률이 낮아진다. 이미 허기진 상황에서 많은 에너지를 소모했기에 발 빠른 먹잇감을 사냥하는 데 두 배나 어려워진다. 운 좋게 두 번째 사냥에 성공하면 다행이지만 두 번째 사냥에도 실패하면 그들은 점점 위기에 처하게 된다.

마지막 세 번째 먹잇감을 발견했을 때 세 번째 사냥에 성공을 하지 못하면 더 이상 사냥에 성공할 확률이 현저하게 떨어진다. 그래서 이때 먹잇감을 향해 주시하는 상태를 몰입이라고 한다. 몰입하지 못하면 생사를 장담할 수 없는 상황이 된다. 시선은 사냥감을 주시한다. 청각은 주변의 소리에 귀를 닫고 먹잇감의 발자국 소리에 집중한다. 가장 확률이 높은 때를 발견하기 위해 온 신경과 세포가 뇌의 명령을 기다리는 순간 몰입의 절정이 시작된다. 몰입의 경지에서 먹이를 잡았을 때는 삶을 새롭게 하는 엔도르핀이 몸에서 분비된다. 이렇게 몰입의 순간을 몇 차례 경험하게 되는 것을 중독이라고 한다.

대부분 이런 몰입은 최대 위기 순간에 가능하다. 초인적인 몰입이 가능한 순간은 위기의 순간이다. 몰입은 우리의 생사를 위해 몸이 본능적으로 반응하는 방어기제다. 아직 책을 읽는 데 이렇게 몰입해 보지 못했다면 위기의식을 느끼지 못해서다. 내가 책을 몰입하게 된 이유는 목회에 위기를 느꼈기 때문이다. 정확하게는 저 스스로에 대한 심각한 위기를 직감했기 때문이다.

몰입과 함께 1일 1책을 가능하게 해 주는 것은 집중이다. 물론 몰입과 집중은 비슷한 원리다. 그러나 몰입이 본능적인 반응에서 오는 결과라면 집중은 훈련된 몸의 기억이다. 집중력은 학습된 훈련을 통해서 몰입으로 가는 과정이다. 몰입이 본능에 가깝다면 집중은 훈련으로 만들어진다.

집중은 생사를 넘나드는 극한의 상황이 아니어도 의식적으로 몰입의 상태로 들어가는 상태다. 몰입의 경험을 통해서 일상의 집중력을 배가할 수 있다. 몰입의 경험은 집중력이 주는 놀라운 경험의 결과를 가져다준다. 이런 결과가 우리를 집중하게 한다. 집중력은 의도적으로 사물과 목적한 목표에 접근하도록 도와준다. 대부분의 집중력은 자신이 몰입을 통해 새로운 카타르시스를 경험했을 때 가장 손쉽게 몸이 기억한다. 그러나 집중력은 훈련으로도 가능하다. 하루에 책을 한 권 읽으려면 많은 훈련이 필요하다. 특별히 책에 집중하여 읽어 나가는 훈련이 필요하다. 반복된 책 읽기와 하루 한 권의 책을 읽기 위해 도전하면 집중력 훈련은 자연스럽게 이루어진다. 하루에 한 권의 책을 읽게 되면 우리의 뇌는 하루에 한 권의 책을 읽도록 훈련이 된다. 뇌가 책을 하루에 한 권 읽는 뇌로 훈련되면 하루에 한 권의 책을 읽는 집중력이 생긴다. 아무리 바쁘고 어려운 상황과 환경에서도 고도의 집중력을 발휘하여 한 권의 책을 읽어 낸다. 나에게 있어 가장 한 권의 책을 읽어 내기 어려운 날은 주일이다.

새벽부터 예배와 설교에 집중하고 집에 돌아오면 책을 읽고 싶은 마음이 들지 않을 만큼 지친다. 주일 저녁 모임도 많다. 그런데 내가

천년의 지혜 독서멘토링

가장 집중해서 책을 읽어 내는 날이 주일이다.

하루에 한 권의 책을 읽도록 몰입한 경험은 고도의 집중력을 발휘하도록 만들어 준다. 평상시와 같은 속도와 집중력으로 읽어 내려가면 하루에 한 권의 책을 읽을 수 없기에 단시간에 한 권의 책을 읽어 내는 집중력이 발휘된다. 이렇게 만들어진 집중력은 책을 읽는 것뿐만 아니라 다양한 일을 감당하게 한다. 한 주에 평균 8번의 설교, 화수목금요일로 이어지는 일대일과 성경공부 예배, 주중의 심방, 각종 교단 모임과 신학교 수업에 이르기까지 감당해야 할 사역들을 감당하게 해 준다.

인생에 한 번쯤 이런 몰입과 집중의 시간과 경험을 가져 보는 것이 필요하다. 몰입하지 못하고 집중하지 못하는 사람이라면 반드시 독서를 해야 한다. 특별히 1일 1독에 도전해 보면 놀라운 경험을 스스로가 하게 된다. 인생에 한 번쯤 이렇게 몰입해 보면 분명한 결과를 얻어 낼 수 있다.

독서는 가장 단순하게 말하면 집중력과 몰입의 연습과 과정 결과다. 독서 훈련을 충분히 하면 주의가 흐트러지는 일 없이 평안하고 안정적으로 집중할 수 있다. 그렇게 집중과 몰입의 질을 높이면 마음과 영혼은 쉽게, 장시간 매우 평안하고 흐트러짐 없는 상태가 된다. 평안하면서도 흔들림 없는 상태가 되면 우리 영혼의 몇 가지 영적 성장의 특성이 나타난다. 평온함, 명료함, 분명함, 확실함의 열매를 맺게 된다. 흐트러진 일상을 다시 집중하게 하고 몰입하게 하는 것이 독서다. 3천 독서는 몰입과 집중의 시작과 과정과 결과로 얻어지는 열매다.

내가 살고 있는 캘리포니아에서는 종종 텀블 위즈라는 나무를 쉽게 볼 수 있다. 이 나무는 특히 사막이 가까워지는 고속도로에서 바람 부는 날 쉽게 볼 수 있는 나무다.

텀블 위즈(tumbleeweeds)는 건조한 땅에서는 뿌리를 포기해 버린다. 그리고 바람이 불면 이리저리 굴러다니다가 습기를 만나면 그곳에 뿌리를 내린다. 바람이 불면 프리웨이에 이리저리 굴러다니는 바싹 마른 가시 덤불은 실은 죽은 건초더미가 아니라 살아 있는 나무다. 뿌리를 내리지 않으니 이리저리 굴러다니는 신세가 된 것이다. 3천 독서는 생각의 뿌리를 넓고 깊게 뿌리박도록 도와준다. 생각의 뿌리가 깊어야 스스로 양분과 물을 길러 나무에 생명을 전달할 수 있다. 독서는 우리의 생각의 뿌리가 튼튼하게 자라도록 충분한 영양분을 공급한다.

우리의 생각의 뿌리를 깊이 있게 내리는 습관을 만들지 않으면 외부의 바람에 이리저리 굴러다니는 인생이 된다. 다른 사람의 평가에 쉽게 흔들리거나 사람들의 평가에 민감한 사람들은 독서를 통해 생각의 깊이와 넓이를 만드는 습관을 만들어야 한다. 깊이 있는 독서의 습관이 우리를 든든하게 지켜 줄 수 있다.

천년의 지혜 독서멘토링

책은 분투해야 읽을 수 있다

분투 : 문제를 해결하거나 목표를 이루기 위해서 있는 힘을
다하여 노력하다.

(To make effort with all one's strength in order to
resolve a problem or achieve a goal.)

집안이 나쁘다고 탓하지 마라.

나는 아홉 살 때 아버지를 잃고 마을에서 쫓겨났다.

가난하다고 말하지 말라.

나는 먹을 게 없던 시절, 들쥐를 잡아먹으며 연명했다.

아는 게 없다고 힘이 없다고 탓하지 마라.

나는 남의 말에 귀 기울이면서 현명해지는 법을 배웠다.

너무 막막하다고 그래서 포기해야겠다고 말하지 마라.

나는 목에 칼을 차고도 탈출했고 뺨에 화살을 맞고 죽었다 살
아나기도 했다.

적은 밖에 있는 것이 아니라 내 안에 있었다.

나는 내게 거추장스러운 것을 깡그리 쓸어버렸다.

나는 나를 극복하는 순간 나는 칭기스칸이 되었다.

칭기스칸이 한 말인지 아닌지 논란의 여지가 있다. 그 논란을 이야기하려는 것은 아니다. 그가 직접 쓴 글은 아닐지라도 칭기스칸의 삶을 들여다보면 틀림없이 그렇게 살았다. 그의 삶은 분투였다. 하루하루 치열한 삶을 살아 내지 않고서는 생존 자체가 불가능했다. 분투의 삶이 결국 그를 칭기스칸으로 만들어 주었다. 책을 읽는 것은 어렵다. 하루에 한 권을 읽는 것은 어렵다. 3천 권의 책을 읽어 내는 것도 어렵다. 하지만 책을 읽는 일에 분투해야 한다. 한 번쯤 이렇게 분투의 삶을 살아 봐야 열매와 결실을 맺을 수 있다. 분투의 삶을 살아 보겠다는 단단한 결심 없이 책을 읽는 것은 어렵다. 누구나 책을 많이 읽어야 하지만 특별히 전문 분야에 일을 감당하는 사람은 더 많은 책을 읽어야 한다. 책을 안 읽거나 자기 분야에 한정한 책만 읽으면 전문적인 분야에서 문외한이 되기 쉽다.

시간이 없고 바쁠 때 책을 읽지 않으면 시간이 많고 한가할 때도 책을 읽지 않을 확률이 높다. 독서는 눈과 뇌로 읽는 것이 아니라 생활 그 자체여야 한다. 기형도 시인의 시집 『입 속의 검은 잎』이란 책의 「우리 동네 목사님」이라는 시에 이런 구절이 있다. "성경이 아니라 생활에 밑줄을 그어야 한다. 성경에 밑줄을 그은 만큼 변화된 삶과 생활에 밑줄을 그어야 한다. 그 밑줄 그어진 생활이 독서가 되어야 한다." 기형도 시인의 글을 이렇게 바꾸어 보면 '성경뿐 아니라 독서한 책에도 밑줄을 그어야 한다'. 혼자 읽기 어려운 상황이 된다면 함께 모여 독서를 하는 것도 좋다. 언제까지 읽어야 분투하는 삶일까 묻는다면 책을 쓸 때까지 분투해야 한다. 책을 쓸 수 있을 만큼 충분한 독서의 삶을 살아 내는 것이 중요하다. 충분한 독서의 양 없이 책을 쓸 수 없다.

21세기의 문맹자는 글을 읽거나 쓰지 못하는 사람이 아니라 더 이상 독서하지 않는 사람이다. 새로운 독서에 도전하지 않거나 그 필요성을 알면서도 실천하지 못하는 사람이다. 손에서 책을 놓은 지 일주일이 지났다면 이 생은 이미 망하는 길로 들어선 것과 같다. 이 세상은 이미 배운 기존의 지식과 정보의 효용가치가 급속도로 짧아지고 있다. 매일매일 새로운 정보와 지식이 쏟아져 나온다. 모든 정보와 지식을 습득할 수 없지만 적어도 뒤처지지 않겠다는 분투의 마음으로 독서하지 않으면 영원히 따라잡을 수 없는 상황이 된다.

끊임없이 기존의 지식, 고정적 생각, 타성과 관성에서 벗어나 자신의 삶을 가꾸지 않으면 세상의 변화의 대열에 낙오될 수밖에 없다.

죽기 살기로 읽어라. 핑계할 것이 없다. 책을 읽지 않는 것에 핑계란 없다. 분투에 삶을 살지 않으면 절대로 원하는 만큼의 독서의 결과를 얻을 수 없다. 책 한 권을 앉은 자리에서 씹어 먹겠다는 각오와 결단이 있어야 한다. 이런 결단과 결심 없이 책에 덤벼들었다면 책을 정복할 수 없다. 책도 나름 자신의 자존심과 자존감이 있다. 모든 사람들에게 쉽게 정복 당하고 싶어 하지 않는다. 책은 나름 자신만이 가지고 있는 넘지 못한 가치와 희소성을 가지고 있다. 그러기에 책을 정복하기 위해서 비장하고 남다른 각오가 있어야 남다른 결과를 얻어 낼 수 있다.

우리가 명심할 것은 우리에게도 언젠가 때가 올 것이다. 그 기회는 반드시 올 것이다. 그 기회가 왔을 때 기회를 잡아야 하는 사람은 나 자신이다. 주변에 누군가가 가져다주는 것이 아니다. 돈도, 학벌도, 배경도, 스펙도 이 기회를 보장해 주지 않는다.

삶을 분투로 살아가는 바로 나에게 그 기회는 스스로 찾아온다. 3천 독서가 주는 축복이다.

독서의 완성, 책 쓰기

독서의 마지막 목적은 글쓰기다. 책을 읽은 이유는 쓰기 위함이다. 글쓰기가 중요한 것은 생각은 휘발성이 강해서 대부분이 날아가 버린다. 전날 생각했던 좋은 아이디어들을 기록해 놓지 않으면 다음 날 대부분의 생각은 남아 있지 않다. 이미 날아가 버려 생각 속에 남아 있지 않는다.

그래서 기록은 중요하다. 기독교는 책의 신앙이다. 책의 신앙이다. 기록의 신앙이다. 성경이 남아 있지 않았다면 오늘의 기독교 신앙은 존재하지 않았을 것이다.

우리는 어떤 형태로든 글을 쓴다. 지금 MZ 세대도 글을 쓰는 세대다. 자신들의 생각과 말을 SNS에 남겨 놓은 세대다. 댓글도 글이다. 한 번쯤 댓글을 남겨 놓았다면 글을 써 본 것이다. 모두 글쓰기를 하면서 책을 써 보라고 하면 모두 고개를 가로젓는다. 그럴싸한 이유와 핑계로 나 같은 사람은 절대로 책을 쓸 수 있는 사람이 아니라고 한다. 이러한 이유에 100% 공감하는 것도 나도 동일한 이유와 핑계를 가지고 있었다. '나 같은 사람이 어떻게 책을 써. 책은 유명한 목사님이나 대형교회 목사님이 쓰는 것이지.' 3천 독서 이전엔 책을 쓸 생각조차 하지 않았다. 지렁이가 매니큐어를 생각할 수 없듯이 나의 사고 속에 책 쓰기는 그저 다른 세상을 사는 사람들의 일이었다.

책을 쓰는 일은 쉽지 않다. 그러나 책을 읽었다면 반드시 써야 한다. 쓰지 않으면 안 되는 욕구를 경험하지 못했다면 그때까지 책을 읽어야 한다. 읽었다면 반드시 쓰게 된다. 이것은 당연한 것이다. 800권쯤을 읽었을 때 책을 써야 한다는 욕구가 생기기 시작했다. 하지만 욕구가 생긴다고 단번에 해결될 수 있는 것은 아니다. 책 쓰기는 어렵다. 가장 어려운 것은 책을 쓰겠다는 생각을 하고 책을 써 나가는 시작 자체가 어렵다.

책을 써야 한다는 욕구가 생기는 임계점에 다다르도록 책을 읽어야 한다. 먹은 것은 토하든지 배설하든지 해야 한다. 토하거나 배설하지 못하면 스스로 매몰되어 질식사하거나 배가 터져 죽거나 한다. 자신의 경험과 생각을 쓰기 시작하면 된다. 나는 3천 권의 책을 읽었으니 책 읽기에 대한 책을 쓰기 시작했다. 그래서 나온 첫 번째 책이『열혈독서』(나침반)다. 2천 권쯤 읽고 썼던『열혈독서』는 독서의 완성은 책 쓰기라는 것을 경험한 첫 책이다. 유영만 교수는『책 쓰기는 애쓰기다』라는 책을 저술했다. 애쓰고 수고해야 책이 완성될 수 있다는 의미다. 많은 노력과 절제가 있어야 글을 쓸 수 있다. 일단 무조건 쓰겠다는 강력한 의지가 있어야 책은 써진다.

천년의 지혜 독서멘토링

무엇을 써야 할지 모르는 사람들은 3천 독서를 하면 내가 무엇을 써야 할지 알게 된다. 그건 가르쳐서 써지는 것이 아니다. 글을 쓰는 요령, 시작, 목차 만들기, 혹은 작은 목차 만들기, 서론 쓰기, 결론 쓰기 같은 기술적인 글쓰기의 요령들은 배움이 필요하다. 하지만 정작 책 쓰기의 가장 중요한 콘텐츠는 배운다고 만들어지는 것이 아니다. 책의 중요한 내용이 되는 콘텐츠는 스스로 만들어야 책을 쓸 수가 있다. 그래서 3천 권쯤 책을 읽으면 무엇을 써야 하는지 자연스럽게 알게 된다. 무엇을 써야 할지 아직 모른다면 아직 독서의 임계점에 이르지 않은 것이거나 읽었어도 생각 없이 읽히거나, 읽었어도 오독을 했을 가능성이 많다.

『열혈독서』 이후 『메타씽킹 생각의 생각』(강건), 『열혈독서』 영어판, 『메타씽킹 생각의 생각』 영어판을 미국 아마존에서 출판했다. 2023년 『다음세대 셧다운』(글과길)을 공저했다. 2023년 『목회트렌드 2024』(글과길)를 공저하기 위해 공저자들과의 모임이 시작되었다. 3천 독서를 시작되면서 그 가시적인 결과가 맺히기 시작하던 때에 책이라는 열매가 맺혔다. 그리고 매년 한 권씩 책이 출간되기 시작했다. 이력서에 한 줄 더 쓸 수 있는 저서가 늘어 가는 것은 단순해 보인다. 그러나 한 줄은 3천 권의 책에 그어 왔던 수많은 밑줄의 결과다. 매년 한 권씩을 책을 쓰겠다는 공약이라도 해서 반드시 책을 쓰도록 해야 한다.

책을 쓰면 좋은 점이 있다. 나는 어딜 가도 명함 대신 책을 준다. 출판된 책을 주면 많은 사람들과의 관계에서 매우 유용하다. 특별히 처음 보는 사람들과 첫 만남에서 책을 주면 상대방은 나를 신뢰해 준다. 명함은 쉽게 잊어버리거나 내가 필요하지 않으면 찾지 않지만 책은 일부러 버리지 않는 한 잃어버리기가 쉽지 않다. 명함 대신 책을 주면 쉽게 버리지 못한다. 그뿐만 아니라 책은 나에게 다른 길을 연결해 주거나 열어 주는 키가 되고 문이 된다. 책을 저술하면 강의를 하거나 가르치거나 코칭을 할 수 있는 기회가 주어진다. 『열혈독서』 출간 이후 여러 차례 독서 강의를 할 수 있었다. 지금은 줌으로 세계 모든 사람들을 만날 수 있다. 뉴질랜드와 영국과 브라질과 캐나다에서 사람들을 만나고 강의를 한다. 내가 할 수 없는 일을 책이 전 세계를 돌아다니면서 한다. 독서에 대한 열망이 있는 독자들이 메일을 주어 코칭 관계가 시작되기도 한다.

교회 사역 역시 귀한 장점이 많다. 교회 내에서도 독서 코칭과 리더십들을 훈련하는 데 권위가 되고 신뢰가 된다. 배움과 가르침의 관계에서 권위는 중요하다. 권위는 실력이 있을 때, 공적 지위가 있을 때, 자신만의 콘텐츠가 있을 때 나타난다. 배움과 가르침의 관계가 무너졌다면 실력이 없거나 공적 지위가 무너졌거나 자신만의 콘텐츠가 없기 때문이다.

코로나 이후 급격한 변화의 소용돌이 속으로 들어갔다. 단순한 변화가 아니라 모든 것이 새롭게 재편되는 시대를 맞이했다. 코로나 사태 이후 여러 가지 의견들이 있지만 한 가지 분명한 공감대가 있다. 콘텐츠가 있는 것은 살아남았다. 자신의 콘텐츠가 있는 기업이나 개인은 살아남았다. 자신의 책을 쓸 수 있다는 것은 분명한 콘텐츠가 있다는 것이다. 책을 써야 하는 이유다. 자신의 콘텐츠를 증명해 낼 수 있어야 한다.

유튜브도 좋다. SNS를 해도 좋다. 자신의 콘텐츠를 개발하는 데 어떤 플랫폼을 사용해도 무방하다. 그러나 문제는 플랫폼이 아니라 그 콘텐츠를 지속해 갈 수 있는 저수지가 있어야 한다는 것이다. 3천 권의 독서와 함께 자신의 책을 저술했다면 어떤 플랫폼에서건 자신의 콘텐츠를 증명하는 데 문제가 없다.

코로나 이후 주변의 자영업자들이 힘들어졌다. 잘나가던 기업들도 코로나의 어려움과 위기 속에 고전을 면하지 못한다. 하지만 이런 엄중한 경제적 시기에도 승승장구했던 기업들이 있다. 내가 미국에서 주의 깊게 살펴본 기업은 아마존과 구글이다. 이미 아마존과 구글은 기업가치 기준으로 세계 1위 2위를 달리는 기업이다. 코로나 기간 중 최대의 수익률을 올렸다. 두 기업의 공통된 특징이 있다. 아마존과 구글은 전 세계의 정보를 독점하고 있는 회사란 것이다.

아마존은 중고책을 신속하게 제공하는 것을 기반으로 시작된 기업이다. 세계적인 기업이 되었지만 아직도 중고책을 구입해 주고 제공하는 이 일을 계속하고 있다. 이 정도 사업은 이제 접어도 될 만큼 세계적인 기업이 되었지만 절대로 포기하지 않는다. 아마존은 누구나 책을 출간할 수 있는 플랫폼을 제공한다. 전 세계 사람들이 13개의 언어로 책을 출판하고 아마존에서 판매, 마케팅까지 가능하다. 하루에

도 수천 권의 책이 아마존 퍼블리시에서 출판된다. 아마존은 플랫폼을 제공해 주고 전 세계의 가장 최신의 정보들을 자신의 플랫폼에 모은다. 책을 출간하는 것은 어쩌면 허울 좋은 그들의 상술이다. 그 대가로 아마존은 세상 곳곳의 모든 정보를 가장 신속하게 얻어 내고 데이터화할 수 있다. 그 정보가 글이 사업을 구상하고 새로운 접근을 하는 데 사용된다.

구글도 검색을 좀 더 편리하게 하려는 목적으로 시작되었다. 검색엔진에서 필요한 단어와 정보를 대입하면 전 세계의 모든 정보가 검색된다. 구글의 플랫폼에 전 세계의 정보가 모여든다. 구글이 최고의 기업이 될 수 있는 것도 전 세계의 글이 구글로 모여든다. 이 글들은 결국 전 세계의 트렌드가 지금 어디를 향해 가고 있는지 분명히 보여 준다. 세상의 모든 콘텐츠가 아마존과 구글로 몰려들고 있음을 주목해야 한다.

글을 지배하는 두 기업이 세계를 지배하는 기업이 된 것은 당연한 이치다. 글이 세상을 지배하는 세상의 원리는 변화가 없다. 책을 쓴다는 것은 그만큼의 정보와 글감을 확보했다는 것이다.

자, 이제 자신의 언어와 글로 책을 쓰자. 첫 단어부터 시작하면 이미 책 한 권을 쓴 것과 다름없다. 정말 안타까운 사실은 아마존에서 한글 출판은 퇴출되었다는 것이다. 책을 읽고 출판하는 시장이 점점 줄어들어 한글 출간이 퇴출되었다. 세계 10위권의 경제 경쟁력을 갖고 있는 대한민국의 독서 수준을 보여 준다.

결론

독서는 신앙의 기초를 더욱 튼튼히 만들어 준다. 3천 독서를 완성하던 그 무렵 광주의 아파트 공사 현장에서 붕괴 사고가 일어났다. 설명절을 앞두고 일어난 참사로 결국 인재였다.

부실한 기초는 결국 무너진다.

2023년 1월 11일 시공 중이던 광주의 아파트 한 개동이 새벽 시간 무너져 내리는 최악의 사고가 일어났다. 7개월 전 건물 철거 현장에서 사상자가 발생한 충격적인 사건이 채 잊히기 전에 비슷한 사건이 일어났다. 이번에도 같은 건설사였기에 붕괴 사고의 원인 규명과 재발 방지를 위한 대책이 필요하다. 이는 단순히 건설 회사만의 문제가 아니라 국가 신임도를 무너뜨리는 일이기도 하다.

2001년 샌프란시스코 학회 출장 중에 생방송으로 중계되던 세계 무역 센터의 붕괴 현장은 아직도 잊을 수 없는 붕괴 사고다. 물론 모든 붕괴 사고가 부실공사에 의한 사고라고 단정 지을 순 없다.

대한민국뿐 아니라 전 세계에 충격을 주었던 삼풍백화점 붕괴 사고는 인재 중에 인재였다. 많은 공간을 확보하기 위해 건물이 지탱할 수 있는 하중을 고려하지 않고 기둥을 없애 가며 건축 시공비를 줄인 삼풍백화점의 붕괴는 인간의 욕심이 불러온 인재였다. 성수대교 역시 설계도대로 시공하지 않고 이것을 눈감아 준 건설 공무원들의 부실이 만든 인재 중에 인재였다.

무역센터 붕괴 사고는 부실 공사가 아닌 자신들의 정치적 목적을 달성하기 위한 인간의 이기심의 결과였기에 부실 공사로 취급하기는 어렵다. 하지만 자신들의 정치적인 목적을 이루기 위해 수단과 방법을 가리지 않았던 무역센터의 테러로 인한 붕괴 사고 역시 인간의 욕심이 만들어 낸 비극적인 참사였다. 자의든 타의든 붕괴는 어디서든 일어날 수 있다.

건축업계 전문가들은 붕괴가 시작된 피트(PIT) 층의 상부 슬레브 타설에 문제가 있었을 것이라고 조심스럽게 의견을 내놓았다. 동바리가 없는 무량판 플레이트 구조로 시공하면서 시방서대로 슬레브 타설을 하지 않았거나 혹은 불량 시멘트 사용, 콘크리트가 충분히 굳어진 후 타설해야 함에도 건축 회사의 이익 때문에 시공일을 무리하게 앞당긴 것이 원인이었을 가능성이 아주 높다. 결국 이렇게 무너져 내리기 시작한 콘크리트가 아래층으로 흐르면서 하중을 견디지 못해 연쇄적으로 붕괴가 일어난 것으로 보고 있다. 많은 전문가들은 그나마 건물 전체가 무너지지 않은 것이 기적이라고 말한다.

흔히들 건물 붕괴 사고는 후진국형 인재사고라고 말한다. 건축 설계의 부실, 시공 현장에서 과도하게 시공비를 아끼려는 건축 회사들의 고질적 문제, 건축 회사가 하청에 또 다른 하청으로 이어지며 감독 관리가 되지 않는 문제점들이 건물 붕괴 사고로 이어지기 쉽다. 또한 후진성을 면치 못하는 행정과 관리 감독 때문에 부실공사가 뻔한데도 행정적인 편의를 제공하여 일어나는 후진국형 사고가 건물 붕괴 사고라는 것이다. 한국에서 일어난 대형 붕괴 사고도 이런 후진국형 붕괴 사고가 대부분 원인이었다. 시공사의 무리한 시공, 관리 감독을 해야 하는 국가 공무원들의 직무 유기, 고질적인 건축 현장에서의 무사안일주의 같은 인재가 불러온 참극이었다.

결국 산업혁명 이후 많은 국가들이 선진국형 국가로 가는 길목에서 흔히들 겪게 되는 사고가 붕괴 사고임에는 틀림없다. 이미 국민 소득 3만 불대를 넘어선 대한민국이 아직도 후진국형 붕괴 사고를 목격해야 한다는 것은 국가적 수치.

이런 붕괴 사고는 역사적으로 이미 고대 사회에서부터 시작되었음을 알 수 있다. 지금까지 역사적으로 가장 많이 알려진 고대의 붕괴 사고는 AD 27년 로마 외곽의 피데나에(Fideneae) 원형 경기장 붕괴 사고다. 로마가 최고의 전성기를 누리는 기간 로마는 눈부신 건축기술을 선보였다. 로마가 전 세계의 패권을 차지한 이후 각 지역마다 세운 건축물들은 로마의 힘과 권력을 과시하는 상징이 되었다. 로마는 자신들이 정복한 지역 곳곳마다 원형 경기장과 도서관, 대광장과 도시들을 건축하였다.

그중에서도 특별히 로마의 원형 경기장은 실로 놀라운 건축 결과물들이다. 그 당시 로마의 원형 경기장에서는 검투사들의 대결과 혹은 사자와 같은 동물들과의 경기, 마차 경기와 고대 올림픽과 같은 경기들이 열리곤 했다. 이런 원형 경기장은 5만 명에서 최대는 10만 명 이상을 수용할 수 있는 규모로 알려졌다. 원형 경기장은 대리석을 기초로 하여 건축되었지만 관람석에 좌석을 만드는 기둥들은 목조 건물이 기본이었다. 결국 원형 경기장에 들어온 관람객의 하중을 견디지 못했던 기둥이 무너져 약 5만 명이 압사 당하는 사건이 발생했다.

로마의 역사가 타키투스는 자신이 기록한 글에서 이 사건을 자세히 설명하고 있다.

크고 작은 건출물의 붕괴 사건은 고대 로마뿐 아니라 성경의 사건을 통해서도 확인이 된다. 철저한 검증과 증거를 토대로 기록된 누가복음에서 저자 누가는 실로암 타워 붕괴와 예수님의 메시지를 복음서에 기록해 놓았다. 후대에 역사가 요세푸스도 이 사건을 동시에 기록해 놓았다. 요세푸스의 기록을 살펴보면 이 사건이 대략 AD 27년경으로 묘사하고 있어 예수님의 공생애가 시작되는 시기와 매우 비슷한 시기임을 알 수 있다.

실로암 부근 성벽에 접한 망루형 탑 구조물로서 대략 높이는 12m, 너비는 6m가량의 원통 건축물로 알려져 있다. 이 붕괴 사고로 인해 약 18명의 사망자가 발생한 것으로 기록하고 있다. 예수님께서 실로암 붕괴 사고를 직접 목격하셨는지 우리가 확인할 수 없지만 아마도 이 사건이 그 당시 유대의 사회에 큰 사건이었음을 알 수 있다. 예수님은 친히 이 사건을 언급하시면서 죄에 대한 주님의 분명한 메시지를 남겨 놓으셨다.

"또 실로암에서 망대가 무너져 치어 죽은 열여덟 사람이 예루살렘에 거한 다른 모든 사람보다 죄가 더 있는 줄 아느냐"
— 누가복음 13장 4-5절

이 사건은 주님께서 실제로 일어났던 사건을 인용하시며 우리에게 중요한 메시지를 가르치셨던 사건임을 알 수 있다. 지금도 우리 주변에서 일어나는 사건 사고들은 우리의 신앙과 삶을 점검해 볼 수 있는 중요한 사건이 될 수 있다.

누가복음은 또한 실로암 사건과 함께 후예 일어난 예루살렘 성벽의 붕괴에 대해서도 언급한다. 예수님께서 마지막 공생애의 사건을 완성하기 위해 예루살렘으로 입성하시면서 돌 위에 돌이 하나 남지 않고 예루살렘 성벽이 무너져 내릴 것을 아시고 주님이 눈물을 흘리셨다. 물론 예루살렘 성벽은 건축물의 부실로 인해 무너져 내린 사건은 아니었다. 로마의 침략으로 인해 예루살렘의 성벽이 무너진 사건이었다.

> "가까이 오사 성을 보시고 우시며 이르시되 너도 오늘 평화
> 에 관한 일을 알았더라면 좋을 뻔하였거니와 지금 네 눈에 숨
> 겨졌도다. 날이 이를지라 네 원수들이 토둔을 쌓고 너를 둘러
> 사면으로 가두고 또 너와 및 그 가운데 있는 네 자식들을 땅에
> 메어치며 돌 하나도 돌 위에 남기지 아니하리니 이는 네가 보
> 살핌을 받는 날을 알지 못함을 인함이니라 하시니라"
> — 누가복음 19장 41-44절

성경은 종종 우리의 신앙을 건축물을 쌓아 올리는 것에 비유한다. 기초가 튼튼한 건축물과 기초가 견고하지 못해 비와 오고 물이 범람

하면 결국 무너져 내릴 건축물로 우리의 신앙이 비유되었다. 마지막 날 불공력으로 심판하실 때 잘 견디는 건축물과 타서 없어질 건축물로 비유하셨다.

성경은 신앙의 집을 견고하게 세우라고 부탁하신다. 마지막 날 새 하늘과 새 땅에 하나님께서는 열두 제자들을 새 예루살렘 성의 기초석으로 삼으시겠다고 말씀하신다.

인간이 만들어 놓은 건축물은 영원하지 못하다. 결국 허물어지고 낡아지면 무너지고 쓰러지기 마련이다. 하지만 천재지변이 일어나고 시간이 지나 건축물이 수명을 다해 낡아지고 무너지는 것과 사람의 인재로 인해 건축물이 하루아침에 무너져 내리는 것은 근본적으로 다른 일이다. 광주에서 무너져 내린 아파트의 신축 공사 현장에서 기초를 든든히 하고 관리, 감독을 소홀히 하지 않았다면 이번 붕괴 사고도 일어나지 않았을 인재다.

우리의 신앙도 기초를 단단히 하고 우리 영혼의 관리 감독을 철저하게 한다면 어떤 상황에서도 흔들리거나 넘어지지 않을 것이다. 신앙에서 넘어지고 쓰러지는 일 역시 대부분 우리의 관리 소홀과 기초를 다지지 못한 인재일 가능성이 너무 많다.

성경의 건축물도 스스로 무너지든, 혹은 시험 공력에 의해 무너지든, 외부의 공격에 의해 무너지든, 무너져 내리는 것을 경계하고 있다.

물론 사단의 극악한 역사로 인해 우리는 종종 무너져 내릴 때가 있다. 하지만 우리가 넘어지고 실패한 신앙의 현장에서 언제까지 사단의 탓으로만 모든 원인을 돌려야 하는지 생각해 봐야 할 시점이다. 사단도 우는 사자와 같이 우리를 찾아다니며 집어삼킬 자를 찾고 있겠지만 우리 스스로 기초가 부실하여 넘어지고 쓰러진 삶의 현장은 없었는지 살펴보고 되돌아보는 시간이 필요하다.

천년의 지혜 독서멘토링